簡裁民事ハンドブック 1 〈通常訴訟編〉

第2版

塩谷雅人・近藤　基　著

発行　民事法研究会

はしがき

簡易裁判所の民事事件に関する実務書は、以前はあまり見かけなかったが、司法書士に簡裁代理権が認められるようになったここ数年の間に質・量ともに充実し、簡易裁判所の民事事件に特有の論点に関する研究もさまざまな角度からなされるようになってきたように思われる。

もっとも、その一方で、最近の簡易裁判所関係の実務書は、非常に厚いものとなってしまい、カバンなどに入れて持ち運ぶにはやや不便ではないかと感じられるようになった。

また、簡易裁判所の目的が、比較的少額な事件を簡易・迅速に解決することにあることを考えると、そのような事件に対応するために差しあたって必要となる民事訴訟等の基礎知識や情報を比較的短時間で得られるようなハンディな実務書にも、存在意義があると思われる。

そこで、このような観点から、簡易裁判所の民事事件に関するハンドブックを編纂することを思い立った。本書は、その第1巻にあたる通常訴訟編である。

本書のポイントは次のとおりである。

○簡易裁判所の民事通常訴訟事件について、差しあたって必要ではないかと思われる基礎的な事項について、可能な限り触れることとした。もっとも、その結果、頁数が増えてはかえって利用しにくくなるのではないかとの判断から、説明は極力コンパクトにすることを心がけ、また、簡易裁判所においては、あまり出会わない事項、たとえば、訴訟参加や中断・受継などの項目については、触れないこととした。

○民事訴訟の基礎知識についての確認のために、「*Check Point*」の項目を、実務上の留意点については「実務ノート」の項目を、適宜の箇所にコラム形式で記載した。さらに、強制執行の準備のための基本的知識について簡単な説明を加えた。

○ハンディさを損なわない範囲で、できるだけ、現実の訴訟で起こりうる設例を入れるとともに、図表や書式・記載例を盛り込んで、わかりやすく、かつ利用しやすいものとなるよう心がけた。

○本書作成にあたってはいろいろな文献を参考にさせていただいたが、ハンドブックという性格上、裁判例や参考文献をいちいち示すことをしなかった。本書によって不足する知識や情報については、加藤新太郎編『簡裁民事事件の考え方と実務〔第３版〕』をはじめとする文献を参照していただきたい。

思い返せば、このハンドブックの企画があがったのは、平成15年の初めであり、当時は２人とも東京簡易裁判所に勤務していたが、その後、それぞれの転勤といった予定外の出来事もあり、早くも３年半の歳月が流れてしまった。その間、時には優しく、時には厳しく督促しながら、気長にお付き合いいただいた田口信義社長や不幸にして本書の担当になってしまった軸丸和宏氏をはじめとする民事法研究会の皆様方には感謝の言葉しかない。これに応えるためにも、このハンドブックが読者の皆様に受け入れられ、シリーズものとして定着することが、筆者らに課せられたこれからの宿題となろう。そのためには、できるだけ多くの皆様方に本書を手に取っていただき、多くの忌憚のないご批判を賜りたいと思う次第である。

平成18年９月

塩　谷　雅　人
近　藤　　　基

第２版の刊行に際して

刊行にあたって初版後の実務の動きや法改正等を踏まえた補正を行った。補正に際しては、本書の目的を損なわないよう必要最小限度のものとしたが、それでも、補正した箇所は、本書のかなりの部分に及んでいることをご容赦いただきたい。なお、初版の「はしがき」に参考文献としてあげている『簡裁民事事件の考え方と実務』は第４版が刊行されていることにも留意されたい。

平成30年10月　名酒「北国街道」を楽しみながら　執筆者の一人として

近　藤　　　基

『簡裁民事ハンドブック❶〈通常訴訟編〉〔第2版〕』

目　次

第1章　簡易裁判所の民事訴訟手続

第2章　訴状の提出等

第３章　口頭弁論

第４章　証拠調べ

第5章　訴訟の終了

参考資料

《実務ノート》目次

● Check Point ●目次

凡　　例

本書で引用した法令の略記は，次のとおりである。

・法　　　　　民事訴訟法（平成８年法律第109号）
・規則　　　　民事訴訟規則（平成８年最高裁判所規則第５号）
・民訴費用法　民事訴訟費用等に関する法律
・民調法　　　民事調停法
・民執法　　　民事執行法
・割販法　　　割賦販売法
・改正民法　　民法の一部を改正する法律（平成29年法律第44号）による改正後の民法

第1章

簡易裁判所の
民事訴訟手続

1　第1審民事通常訴訟手続の流れ

簡易裁判所における民事訴訟の手続は、簡易裁判所の簡易・迅速な裁判の要請から、後に述べるような特則規定がおかれていることを除けば、地方裁判所におけるそれと基本的な違いはない。

民事訴訟は**私人間の民事紛争を解決**するための制度である。その民事訴訟の手続は、大まかにいうと、私人の一方が**原告**となり、相手方を**被告**として、**裁判所**に対して、裁判の**申立て**をし、そこで権利義務に関する主張をし、これに対し相手方が争う場合には、**立証**をして、最終的に裁判所が**裁判**によって、当事者間の権利義務関係の存否について判断をするというものである。これを実際の民事訴訟手続の流れに対応させると、次のような関係になる。

〈図1〉　民事訴訟手続の流れ

申立て	→	主張	→	立証	→	裁判
‖		‖		‖		‖
訴状提出	→	口頭弁論	→	証拠調べ	→	判決

● *Check Point* ――民事上の紛争と裁判による解決 ●

Ⅰ　民事上の紛争の解決方法

私人間で日常的に行われている紛争解決方法→**自力救済（私的自治の原則）**

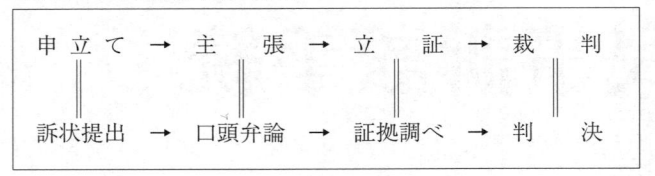

↓

客観的根拠、中立な立場の第三者の判断がほしい。

↓

国家の関与（裁判手続）による解決

- 調停（民事調停法）
- 仲裁（仲裁法）
- 民事訴訟（民事訴訟法）

Ⅱ　民事訴訟制度

法律上の権利義務に関する争いの解決の制度

↓

裁判所の判断が裁判の当事者の権利義務関係を確定し拘束する。

Ⅲ　実体法の構造

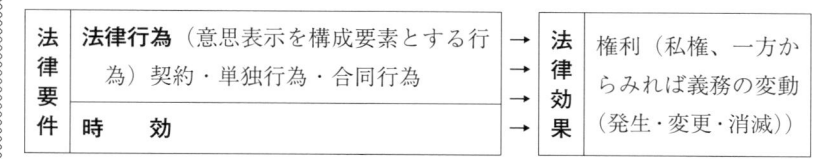

法律要件		→	法律効果	
法律要件	**法律行為**（意思表示を構成要素とする行為）契約・単独行為・合同行為	→	法律効果	権利（私権、一方からみれば義務の変動（発生・変更・消滅））
法律要件	**時　　効**	→	法律効果	

売買契約を例にとって法律要件と法律効果を考えてみよう。

民法555条

売買は、当事者の一方（甲）がある財産（たとえば自動車）を相手方（乙）に移転することを約し（**意思表示**） ↓ 乙がこれに対してその代金を支払うことを約する（意思表示）ことによって（以上の事実が**法律要件**）	**法律要件**

↓

その効力

甲＝売買代金請求権　乙＝売買代金支払義務 乙＝自動車の引渡請求権　甲＝自動車の引渡義務	**法律効果**

を生ずる。

Ⅳ　裁判の三段論法

裁判所が民事訴訟において、実体法に照らして事実認定をして権利の存否を判断するという流れを図で示せば次のようになる。

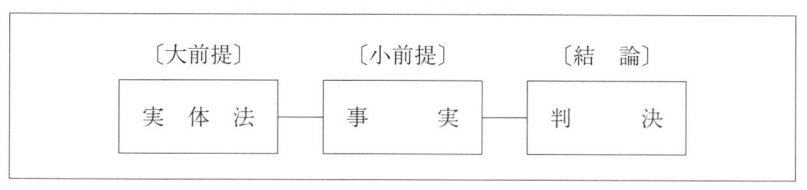

〔大前提〕		〔小前提〕		〔結　論〕
実　体　法	―	事　　実	―	判　　決

裁判所は、法律要件と法律効果を定めた実体法（民法555条など）を大前提として、これに具体的な事実（甲と乙が自動車の売買契約を締結した事実など）をあてはめることによって、判決（「乙は、甲に対し、○○円を支払え」など）という結論を出すことで判断を示すというものである。

原告が訴状によって裁判所にある権利の実現を求めてきた場合、裁判所は、原告が求めている権利がどういう実体法に規定されているかを調べ、その実体法はどういう事実があればどういう権利が発生すると規定しているかを確認したうえで、それに即した事実があるか（当事者によって主張・立証されているか）を確定する。

そのため、裁判所は、原則的に当事者が実体法に規定されていないものを権利として認めてほしいと求めてきても認めることはできないし、実体法があったとしても、当事者がそこに規定されている必要な事実を主張・立証しなければ、やはり請求は認められないことになる。

2　簡易裁判所の訴訟手続に関する特則

簡易裁判所の目的は、**簡易な手続による迅速な民事紛争の解決**である。このような簡易裁判所の役割としては、①第１審訴訟事件を訴額に応じて地方裁判所と分担するという役割、②少額事件を簡易・迅速に解決していく、市民に親しみやすい裁判所としての役割の２つの面がある。

このうち、簡易裁判所にしかない**少額訴訟手続**（法368条以下）の存在によって、前記のうち②の役割の重要性が増したということがいえるように思われる。

この少額訴訟手続のコンセプトは、平たくいえば「早い、安い、簡単、親切」ということである。一度裁判所に行って裁判を受ければ、その場で裁判所の判断がなされるので、時間もあまりかからず（早く）、費用もそれほどかからず（安く）、手続も簡単で、親切に説明を受けられるという、市民に親しまれる裁判所を目標に設けられたこの手続の趣旨は、簡易裁判所の手続一般に求められるものであろう。

さらに、②の役割を推し進めるために、民事訴訟法270条以下に簡易裁判所の民事訴訟手続を簡略化する規定をおくとともに、市民の中から選ばれた司法委員の訴訟手続への関与の規定もおいており、実際に活用されて、迅速な紛争解決に資するものとなっている。

以下では、簡易裁判所における平均的な実務処理を念頭におきながら、通常訴訟手続について説明をしていくこととする。

第2章

訴状の提出等

第2章で扱う手続の流れ

受付相談

裁判所で当事者本人に手続の説明をする。
各種パンフレットや定型訴状用紙がある。

訴状の提出

1　形式的記載事項（規則2条）
- ①　当事者の氏名・名称と住所、代理人の氏名と住所
- ②　事件の表示
- ③　附属書類の表示
- ④　年月日
- ⑤　裁判所の表示

2　実質的記載事項
- (1)　必要的記載事項（法133条2項・272条）
  - ①　当事者・法定代理人
  - ②　請求の趣旨
  - ③　請求の原因（特定請求原因）・紛争の要点
- (2)　準必要的記載事項（規則53条1項・3項）
  - ①　請求の原因（理由づけ請求原因）
  - ②　予想される争点
  - ③　重要な間接事実
  - ④　証拠の引用記載

3　添付書類（規則55条）

原告　訴状を作成して裁判所に提出する。→訴えの提起

※原告が口頭弁論終結時までに請求を特定しないと訴え却下判決がなされる。
　原告の請求を認容するためには理由づけ請求原因事実の主張が必要

訴状の審査

裁判長の訴状審査権（法137条）
　補正命令→訴状却下命令

管轄の調査と移送（法14条～22条）

原告　必要に応じて、訴状の補正、登記事項証明書等の書類や書証の追完

1　受付相談

当事者本人が手続にかかわること（**本人訴訟**）の多い簡易裁判所では、受付で各種紛争解決手続を説明する（実務上、「手続教示」と呼ばれている）ための受付相談が行われている。簡易裁判所における民事紛争解決のためのメニューとしては、通常訴訟をはじめとして、支払督促、民事調停、債務整理のための特定調停、訴え提起前の和解、民事保全、手形などの証券を喪失した場合の公示催告手続などが用意されている。受付相談の窓口では、裁判所書記官などの職員が、各種パンフレットや、定型の各種申立書を用意して、相談に応じている（25頁以下に定型訴状を紹介する）。

電話による相談については、管轄や予納郵便切手といったような定型的な質問には応じているが、一般的には直接裁判所に出向くことが予定されている。

また、裁判所ウェブサイト（http://www.courts.go.jp/）にアクセスして、インターネットで簡易裁判所の民事訴訟の手続に関する説明および書式を閲覧することができる。

いうまでもなく、公正中立である裁判所の性格上、相談に応じられる内容は、各種手続の申立てに関する教示が中心となる。相談者にとっては、どのようにすれば訴訟に勝てるか、自分の主張を認めてもらえるのか、といったことが重大関心事であろうが、そのような要望については、法律の専門家に相談するよう促すことにならざるを得ないことに留意が必要である。

2　訴状の提出

民事通常訴訟は、まず裁判所に対する**訴状の提出**をもって始まる（法133条1項）。訴えの提起の原則である。

訴状は、裁判所に対する申立ての内容（**審判の対象**）を明らかにするものであり、被告とされた者に対しては、その副本を送達する（規則58条１項）ことによって防御の態勢を整える役目も果たすことになる重要な書類である。訴状の提出は、当事者の最初の**訴訟行為**である。

ただし、次のように、訴状を提出せずに通常訴訟が始まる場合があることにも留意が必要である。

① 少額訴訟手続からの通常訴訟への移行（法373条２項）

② 督促異議申立てによる通常訴訟への移行（法395条）

③ 訴え提起前の和解の不成立による訴訟への移行（法275条２項）

なお、調停不成立等の場合に、申立人が原告として調停の目的である請求について訴えを提起した場合には、調停不成立等の日から２週間以内であれば、調停申立ての時にその訴えの提起があったものとみなされる（民調法19条）。

簡易裁判所においては、口頭による訴えの提起（法271条）や、当事者の任意の出頭による訴え提起（法273条）も、制度としては認められているが、本人訴訟において、実務上、最もよく利用されているのは、定型訴状等を利用した準口頭受理の方法である。なお、これらの手続は、一般市民が当事者本人として利用しやすいように設けられた訴え提起方法の特則という位置づけとして理解すべきであり、法律の専門家である訴訟代理人が関与したうえでの利用は予定されていない。

実務ノート――督促異議申立てによる通常訴訟への移行

督促異議申立ては、仮執行宣言前の督促異議（法390条）と、仮執行宣言後の督促異議（法393条）の２つに分けられる。

仮執行宣言前の督促異議は、債務者（被告）に対する支払督促正本送達後から支払督促失効（法392条）までの期間内（債務者に対する支払督促正本送達日の翌日から44日間）またはそれ以前に仮執行宣言の発付がされたときはそれまでの期間内にされた督促異議申立てのことを指していう。

これに対し、仮執行宣言後の督促異議は、仮執行宣言付支払督促正本送達後２週間を経過するまでの期間にされた督促異議申立てのことである。期間経過後は、不適法な督促異議申立てとして却下される。却下決定例は、次のとおりである。

> 平成○○年(ハ)第○○号
>
> **決　　　定**
>
> 原　告（債権者）　○　○　○　○
> 被　告（債務者）　○　○　○　○
>
> 上記当事者間の平成○○年(ロ)第○○号○○請求事件について，債務者から仮執行宣言付支払督促に対し督促異議の申立てがあったので，当裁判所は次のとおり決定する。
>
> **主　　　文**
>
> 本件督促異議の申立てを却下する。
>
> **理　　　由**
>
> 本件督促異議の申立ては，平成○○年○○月○○日受理されているが，仮執行宣言付支払督促正本が平成○○年○○月○○日債務者に送達されたことは記録上明らかであるから，上記申立ては督促異議申立期間経過後にされた不適法なものである。
>
> よって，民事訴訟法394条1項により主文のとおり決定する。
>
> 平成○○年○○月○○日
> ○○簡易裁判所
> 裁判官　○　○　○　○

仮執行宣言前の督促異議申立てがされると、支払督促は失効し（法390条）、支払督促申立てのときに訴えの提起があったものとみなされる（法395条）。

これに対して、仮執行宣言後の督促異議申立ての場合は、支払督促の確定が阻止されるだけであって、支払督促が失効することはない。したがって、執行停止が認められない限り、執行力（161頁参照）が認められることになる。

3　訴状の記載事項

訴状に記載すべき事項には、規則2条の定める**形式的記載事項**と、法133条2項および規則53条の定める**実質的記載事項**がある。以下、訴状の記載例に基づいて解説する。

【書式1】　訴状の記載例

訴　　　状

❸印　紙

❹平成○○年○○月○○日

❺○○簡易裁判所　御中

原告　株式会社○○クレジット　❻
訴訟代理人支配人　○　○　○　○　㊞

❶東京都○○区○○1丁目1番1号
原　　　告　株式会社○○クレジット
代表者代表取締役　○　○　○　○
訴訟代理人支配人　○　○　○　○
⓱電話00-0000-0000　FAX00-0000-0000
⓲送達場所　○○市○○1丁目2番3号　○○ビル3階

○○県○○市○○23番34号
被　　　告　○　○　○　○

❷事件名　保証債務履行請求事件
❼訴訟物の価額　78万6558円
❽ちょう用印紙額　○○○○円
❾添付郵券　○○○○円

❿第１　請求の趣旨

⓬１　被告は，原告に対し，78万6558円及びこれに対する平成29年12月30日から支払済みまで年６パーセントの割合による金員を支払え。

⓭２　訴訟費用は被告の負担とする。

との判決及び仮執行の宣言（⓮）を求める。

⓫第２　請求の原因

１　原告は，信用購入あっせん等を業とする会社である。

２　原告は，訴外○○○○（以下「訴外○○」という。）との間で，平成28年７月14日，次の要旨の立替払契約を締結した（甲第１号証（⓯））。

(1)　原告は，訴外○○が訴外○○自動車販売株式会社（以下「訴外販売会社」という。）から平成28年７月14日購入した自動車１台の代金125万円を立替払いする。

(2)　訴外○○は，原告に対し，上記立替金及び手数料21万6884円の合計146万6884円を次のとおり分割して支払う。

平成28年８月から平成31年８月まで４万円（ただし最終回は２万6884円）

３　被告は，原告に対し，平成28年７月14日，訴外○○の原告に対する前項の債務につき書面により連帯保証した（甲第１号証）。

４　原告は，訴外販売会社に対し，平成28年７月15日，前記代金125万円を立替払いした。

５　原告は，訴外○○に対し，平成29年12月９日到達の書面で，支払期の過ぎた割賦金を20日以内に支払うように催告した（甲第２号証）。

６　訴外○○及び被告の既払額は68万0326円である。

７　よって，原告は，被告に対し，上記立替金及び手数料の残金78万6558円及びこれに対する期限の利益喪失の日の翌日である平成29年12月30日から支払済みまで商事法定利率年６パーセントの割合による遅延損害金の支払いを求める。

⓰証 拠 方 法

１　甲第１号証　立替払契約書

２　甲第２号証　内容証明郵便（配達証明付き）

❸附 属 書 類

1	訴状副本	1通
2	甲1，2号証写し	各1通
3	登記事項証明書	1通

(1) 形式的記載事項

規則2条が定める記載事項である。訴状をはじめ、当事者が提出する準備書面その他の書面に記載すべき事項である。❶当事者の氏名または名称および住所並びに代理人の氏名および住所、❷事件の表示、❸附属書類の表示、❹年月日、❺裁判所の表示を記載して、当事者またはその代理人が記名押印(❻)しなければならない。このうち、「当事者」および「法定代理人」は実質的記載事項（法133条2項1号。16頁以下参照）でもある。事件名は、請求の趣旨および請求の原因を要約して「○○請求事件」と記載する。なお、訴え提起時に付けられた事件名は、その後、請求の内容が変更されても変わることはない。

「附属書類」は、訴状副本（規則58条1項参照）、登記事項証明書、戸籍謄本、証拠となる文書の写し（規則55条）、資格証明書、訴訟委任状など、必要な添付書類を、通数を明らかにして記載する。

「年月日」は、作成年月日を記載する。

(2) 訴訟代理人

規則2条1項1号の代理人には、**法定代理人**と**任意代理人**がある。法定代理人は当然に訴訟を遂行できる（法31条など)。任意代理人は、訴訟遂行のために包括的に代理権を授与された場合でなければならない。これらを**訴訟代理人**という。訴訟代理人には、支配人などのように法令に基づいてなる場合（会社法11条1項など）と、訴訟委任に基づく場合がある。後者の筆頭が**弁護士**である（法54条1項)。簡易裁判所においては、弁護士に加え、簡裁訴訟代理能力の認定を受けた**司法書士**（司法書士法3条1項6号～8号・2項～7項）が訴訟代理人となることができる。この場合には、訴状にその氏名、資格および住所（事務所）を記載する（規則2条1号）。

また、簡易裁判所においては、裁判所の許可（代理の必要性と代理人としての適格性により許否の判断がされる）を得れば弁護士や司法書士でない者でも訴訟代理人となることができる（**許可代理人**。法54条1項ただし書）。もっとも、裁判所の許可を受けることを前提として、許可代理人名で訴状を作成し、提出することは予定されていないと考えられる。

【書式2】　代理人許可申請書

収入印紙 500円分貼付 消印しないこと	訴訟代理人を許可する。 平成　　年　　月　　日 ○○簡易裁判所　裁判官 即日申請当事者に 口頭・電話　で告知済み

代理人許可申請書	
事件の表示	平成　　年(ハ)第　　　　号 原　告 被　告
理　由 （複数選択可）	□　本人が病気で出頭できないため □　本人が仕事の都合で出頭できないため □　代理人は本件の事情に通じているため □　その他（　　　　　　　　）
代理人の表示	住　所 氏　名　　　　電話番号 申請人との関係

○○簡易裁判所　御中

上記の者を私の代理人とすることを許可してください。

平成　　年　　月　　日

申請人　□　原　告　　　　㊞
　　　　□　被　告

委　任　状

私は，上記「代理人の表示」欄記載の者を代理人と定め，上記訴訟事件について次の権限を委任します。
1　上記事件の訴訟行為に関する一切の権限
2　民事訴訟法55条２項各号に定める権限

平成　　年　　月　　日
□　原　告
□　被　告　　　　　　　　　㊞

※該当事項につき，
上記□に✓を付した。

受付印

貼用印紙500円

(注) 1　代理人許可申請書には、印紙500円を貼付して提出する。また、申請人と代理人との関係を証明する書類（住民票写し等）を添付する。
2　申請書は、第１回口頭弁論期日で提出される例が多いが、出頭予定者が誰であるのかということは、訴訟を進めるうえで重要であるので、なるべく事前に提出するのが相当である。

(3)　訴え提起の手数料

訴状の提出の際には、訴額（❼）に応じて**訴え提起の手数料**として必要な額の収入印紙を貼付（❽）して納めなければならない（民訴費用法４条・８条。51頁参照）。手数料の不納付は**訴状却下命令**（法137条２項）の対象となる。各種書類の**送達費用**の予納（❾）も必要である（民訴費用法11条・13条）。訴状には、訴訟物の価額とあわせてこれらの事項も記載するのが一般的である。

(4)　実質的記載事項

法133条２項および規則53条の定める記載事項である。法133条２項の規定する記載事項は、これに不備があれば、裁判長の訴状審査権により**補正命令**が発せられ、補正に応じない場合には命令で**訴状却下**される（法137条１項・２項）という厳格なものであり、**必要的記載事項**と呼ばれている。これに対して規則53条の規定する記載事項は、そこまでの厳格さは要求しないが、紛争解決のための争点を明らかにして実質的な審理に入ることができるように要求しているもので、**準必要的記載事項**と呼ばれている。

(A)　必要的記載事項

必要的記載事項について定める法133条2項の要求する記載事項は❶当事者および法定代理人と、❿請求の趣旨および⓫請求の原因である。

(a)　当事者

紛争の当事者であって、判決の名あて人になる、原告と被告になるべき者（**当事者適格**）である。自然人や法人、権利能力なき社団（マンションの管理組合等）・財団も当事者となりうる（法29条）。

(b)　法定代理人

当事者能力、訴訟能力や法定代理は、民法などの規定（民法3条・4条ないし6条・8条・9条・12条・13条・16条・17条・34条・35条、会社法584条など）により定められ（法28条）、当事者が未成年者（なお、民法の一部を改正する法律（平成30年法律第59号。平成34年4月1日施行）により、民法の成年年齢が18歳に引き下げられることにも留意）などの訴訟能力をもたない者である場合には、実体法上の法定代理人が訴訟行為を行う（法31条)。このような場合の法定代理人は必要的記載事項となる。

(c)　請求の趣旨

原告が裁判所に求める判決主文に相当する審判内容である。**給付の訴え**の場合には、誰が誰に対し、どのような給付内容について給付命令を出してほしいかを明らかにする（⓬)。**確認の訴え**の場合には、確認の対象である権利または法律関係を明らかにする。たとえば、「『原告が，別紙物件目録記載の土地について，囲繞地通行権を有することを確認する。』との判決を求める」のような記載となる。**形成の訴え**の場合には、判決によって形成の効果が生ずる法律関係を明らかにする。たとえば、「『被告が平成○○年○○月○○日○○との間でした別紙物件目録記載の土地についての贈与契約を取り消す。』との判決を求める」のような記載となる。

なお、請求の趣旨には、**訴訟費用負担の裁判**（法61条・67条）（⓭）および**仮執行宣言の申立て**（法259条）（⓮）をあわせて記載することが一般的であるが、訴訟費用負担の裁判は職権で行うべき事項であるし（法67条）、仮執行宣言も申立てがなくても可能である（もっとも、当事者の申立てがないのに仮執行宣言を付す実務例は少ないと思われる）。したがって、これらは必要的記載事項ではない。なお、裁判所が仮執行宣言の申立てを認めないときは、判決理由中でそのことを明らかにする。

● *Check Point*――訴訟上の請求（訴え）の３類型 ●

後述するように、訴訟物は審判の対象となる概念で、訴訟上の請求と呼ばれる。訴訟上の請求は、原告の訴え提起の内容であるともいえる。この請求が判決によって認容された場合の判決主文の形式の違いによって、次の３種類に分類することができる。

Ⅰ　給付の訴え

被告の作為または不作為を求める訴えである。金銭の支払い、物の引渡し、登記手続、通行妨害禁止などを求める場合がその例である。給付の訴えは、すでに履行期の到来している給付の請求を求める**現在の給付の訴え**と、履行期の未到来の給付の請求を求める**将来の給付の訴え**（法135条）がある。将来給付の訴えは、あらかじめその請求をする必要がある場合に限って認められる。

給付の訴えが判決によって認容されると（**給付判決**）、その判決が確定すれば、**既判力**が生じ、**執行力**（強制執行することができる効力）を有するようになる。**仮執行宣言**（法259条）が付されれば、判決が確定しなくても執行力が認められる。

これに対し、請求棄却判決が確定すると、その給付請求権の不存在確認の既判力が認められることになる。

Ⅱ　確認の訴え

請求の内容である権利の存在または不存在について確認を求める訴えである。権利の存在を求める場合を**積極的確認の訴え**、不存在を求める場合を**消極的確認の訴え**という。確認の訴えは、現在の権利についてのみ認められる（**確認の利益**）が、すでに作成されている法律関係を証する書面（遺言書など）に限っては、例外として作成名義人の意思に基づいて作成されたものかどうかを、訴えで確認を求めることができる（**証書真否確認の訴え**。法134条）。

確認の訴えに対応する判決は、認容の場合も請求棄却の場合も**確認判決**であり、判決が確定すると、権利関係の存否について既判力が生じる。給付訴訟も、形成訴訟も、それぞれ基本的には権利関係の存否について確認判決が前提となっている。

Ⅲ　形成の訴え

判決によって、権利の発生、変動、消滅を生じさせることを求める訴えである。離婚訴訟（民法770条）、詐害行為取消訴訟（民法424条。形成の訴えではないとする見解もある）などがその例である。形成の訴えは、その変動の前提として、ある一定の法律関係と変動の原因となる法律要件を備えなければならない。しかし、だからといって、権利関係があれば形成の訴えを提起できるものでもなく、実体法が特別に認める場合にのみ、この訴えが認められている。

この請求を認容する判決を**形成判決**といい、それによって権利関係、法律関係を変動する効力を**形成力**という。

形成の訴えの中には、**形式的形成訴訟**と呼ばれるものがある。この訴えは、訴訟物となる具体的な形成原因または形成権が法定されていない点が特徴である。たとえば、**共有物分割訴訟**（民法258条）は、単に裁判所に対して共有物の分割を請求することができると規定されているだけで、どのような法律事実によって、どのような分割内容が定まるのかまでは規定されていない。つまり、この訴えには審判の対象となる訴訟物が存在していないことになる。そこで、この訴訟が起こされると、裁判所は、処分権主義、弁論主義の制限を受けずに、健全な良識に基づいた裁量により審理すべきことになる。この点をとらえて、形式的形成訴訟は非訟事件の実質をもつといわれる。この点、**境界確定訴訟**（筆界確定訴訟（不動産登記法147条・148条））は、裁判所が当事者の主張にとらわれずに、職権で一定の境界を定める裁判であり、請求棄却が許されない点で、通説・判例は形式的形成訴訟であると解している。

実務ノート──将来の給付の訴えの例

実務上、将来の給付の訴え（法135条）として提起される典型的な例としては、①金銭債務の不履行による遅延損害金を既発生の分に加えて支払済みまで請求する場合や、②不動産の明渡請求に既発生の分に加えて明渡済みまでの賃料相当損害金を請求する場合があげられる。①の場合は、口頭弁論終結時後支払済みまでの分が、②の場合は、口頭弁論終結時後明渡済みまでの分が、いずれも将来の給付の訴えとなる。これらの請求は、いずれも継続的または反復的な給付であって、現に履行期にある部分について不履行であることから、将来の分についても履行が期待できないと認められることになる。

(d) **請求の原因**

請求の趣旨と相まって**請求を特定するのに必要な事実**（**特定請求原因**。規則53条１項）である（①）。請求の原因には、この特定請求原因と並んで、**請求を理由づける事実**（**理由づけ請求原因**。規則53条１項・２項。23頁参照）（②）と、**中間判決**（**原因判決**。法245条）の対象となる実体法上の請求権の存否にかかわる事実で数額を除いたもの（③）、があるとされている。このうち訴状の必要的記載事項は、①の意味の請求原因である。請求を特定する事実というのは、**訴訟物**である権利または法律関係を他と識別し特定した事実である。具体的には、ⓐ権利主体（権利者、債権者）、ⓑ義務者（債務者）、ⓒ権利客体（権利の対象物）、ⓓ権利の類型（所有権、抵当権、賃借権など）、ⓔ給付内容、ⓕ権利の発生原因たる歴史的事実、などについて明らかにして特定する。たとえば、**物権**では、「ⓐ原告は、ⓒ本件土地を、ⓓ所有している、ⓑ被告は、ⓒ本件土地を、ⓕ占有している」などが、**債権**では、「ⓐ原告は、ⓑ被告に対し、ⓕ平成○○年○○月○○日、ⓓカラーテレビ１台（Ｎ社製、型式○○○）をⓕ代金○○万円で売った」などのようにして特定する。

● ***Check Point*** ―― **要件事実** ●

Ⅰ　**要件事実とは**

権利義務の発生・変更・消滅について、法律が構成要件として定めている事実

Ⅱ　**要件事実の働き**

当事者　どういう事実を主張・立証すればよいか。

裁判所　**事実認定**　どういう事実について事実認定すればよいか。

　　　　法律判断　どういう事実（要件事実）の組合せで法律判断すればよいか。

Ⅲ　**主要事実・間接事実・補助事実**

主要事実＝要件事実（司法研修所では同義と解している）

間接事実　主要事実を経験則や論理則によって推認するのに役立つ事実

（例　自動車を通勤に使っていた→自動車の売買契約成立と推認）

補助事実　証拠能力や証明力を明らかにする事実

（例　証人は虚言癖がある→証言の証明力に影響）

Ⅳ　主要事実と間接事実の関係

法律効果（権利の発生、変更、消滅）

↑

主要事実（権利の発生、変更、消滅という法律効果を定める法規の構成要件に直接該当する具体的事実）――主張責任の原則

↑ ← 経験則

間接事実（経験則により主要事実を推認させる事実）

Ⅴ　実務における要件事実概念の必要性

訴訟物の特定→審判の対象を明らかにする。

↓

当事者が何を主張・立証したらよいかを明確にして訴訟を充実させる。

● *Check Point*――請求の趣旨・請求の原因・訴訟物 ●

☆以下の説明には、次のイメージ図を参照されたい。

民事訴訟の構造のイメージ図

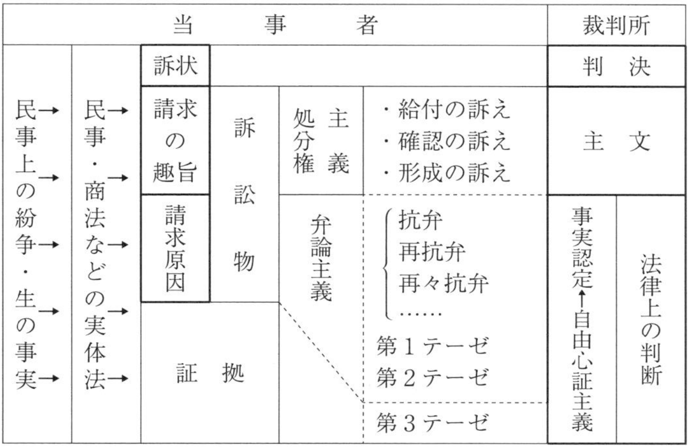

当事者
裁判所
訴状
判決
民事上の紛争・生の事実
民事・商法などの実体法
請求の趣旨
請求原因
訴訟物
処分権主義
・給付の訴え
・確認の訴え
・形成の訴え
主文
弁論主義
抗弁
再抗弁
再々抗弁
……
第１テーゼ
第２テーゼ
第３テーゼ
証拠
事実認定↑自由心証主義
法律上の判断

☆**請求の趣旨**は**判決主文**に対応する。
☆請求の趣旨だけで請求の内容が特定されるのは確認訴訟だけである。
☆給付訴訟や形成訴訟は、**請求の趣旨**と**請求の原因**で特定される。
☆請求の趣旨と請求の原因により**訴訟物**（訴訟上の請求）＝**審判の対象**となる権利関係を特定する。

たとえば、請求の趣旨に「『被告は，原告に対し，100万円を支払え。』との裁判を求める。」と記載されていた場合、それだけでは、被告には、それがどういう法律行為（売買契約、賃貸借契約など）に基づく請求なのかがわからない。請求の原因に「原告は，被告に対し，平成17年１月28日，弁済期を同年３月31日として100万円貸し付けた。」とあれば、原告が、消費貸借契約（民法587条）が成立したことを主張していることがわかる（この場合の訴訟物は、「消費貸借契約に基づく貸金返還請求」である）。

☆訴訟物は、既判力の客観的範囲（法114条）、請求の併合（法136条）、二重起訴の禁止（法142条）、訴えの変更（法143条）、再訴の禁止（法262条２項）などの効果を決定づけるという役目がある。
☆裁判所は、適切な釈明により、訴訟物を特定して充実した審理をしていく必要がある。

● *Check Point* ―― **権利という概念** ●

権利は、目に見えないものである。その権利をどうやって把握するのか。

たとえば、ＡのＢに対する100万円の売買代金請求権が存在するというためには、売買代金請求権そのものの形をとらえることができないので、民法555条の法律要件という具体的事実を主張・立証することによって行うことになる。法律要件の事実が認められれば、ＡのＢに対する100万円の売買代金請求権の発生という法律効果が得られることになる。

そして、一度権利の発生が認められると、変更、消滅事由が認められない限り、権利が存続していることが認められることになる。

権利の消滅の認定も、法律要件と法律効果によって行うことになる。したがって、たとえば、弁済による債権の消滅を認めてもらおうと思えば、民法493条に規定された法律要件（債務者が債権者に対し、債務の本旨に従った給付をした事実と、その給付がその債権についてなされた事実）の主張・立証をすることによって債権の消滅という法律効果が得られることになる。

● *Check Point*——訴訟物を把握し、それから要件事実へ ●

民事訴訟を提起するにあたっては、次のような流れで検討することになろう。
ⓘ　まず、訴訟物は何かを把握する。
ⓘⓘ　それが判明すると、次にその権利を発生させる具体的な事実は何かを検討する。
ⓘⓘⓘ　この場合の訴訟物たる権利を発生させる要件事実のことを請求原因事実といい、訴えを提起する際には、請求原因事実が何かということが問題となる。

⒝　**準必要的記載事項**

訴状は、準備書面（法161条、規則79条）の役目も兼ねているので（規則53条３項）、準必要的記載事項として**攻撃防御方法**に関する次のような記載も求められている。

⒜　**請求を理由づける事実（規則53条１項）**

理由づけ請求原因である。これは、言い換えれば**要件事実**（**主要事実**）のことである。特定請求原因（T）（20頁参照）と理由づけ請求原因（R）との関係は、TがRに含まれる概念であり、Tが不備な場合は不適法として却下されるが、Rが不備な場合には請求棄却となる。したがって、請求が認容されるためには、「T＋R」の主張・立証が必要となる。また、Tの範囲を超えてなした判決は処分権主義に反し、Rにつき当事者が主張しない事実に基づく判決は弁論主義違反となると解されている。

⒝　**立証を要する事由ごとの当該事実に関連する事実で重要なもの（規則53条１項）**

争点となるべき**重要な間接事実**のことである。被告が争うことが予想される事実について、あらかじめ記載しておくことで適正・迅速な訴訟運営が期待できるのである。

⒞　**立証を要する事由ごとの証拠（規則53条１項）**

特定の具体的な**証拠方法**を訴状の該当部分に付記する方法で立証を要する事由ごとに記載し（⓯）、さらに、「証拠方法」欄にも同様の記載をする

(⑯)。

(d) その他

原告またはその代理人の郵便番号および電話番号（ファクシミリの番号を含む）の記載（規則53条4項）（⑰）や、証拠保全がなされていれば、その事件の表示を記載しなければならない（規則54条）。

● *Check Point* —— 処分権主義 ●

I 訴訟物についての処分権主義

請求の趣旨と請求の原因の記載には、原告が裁判所に対して何をどの程度解決してほしいかという範囲（訴訟物）が表れている。

↓

裁判所は、当事者が申し立てた事項（訴訟物）の範囲内で判断しなければならない（法246条。処分権主義）。

II 私的自治に基づく処分権主義

原告は、いつ、どのような形で訴訟を終了させるか（訴えの取下げ（法261条）、請求の放棄（法266条）、和解（法89条）など）に関して自由であるし、被告も請求の認諾（法266条）によって、裁判所の判断を断ることができる。

(5) 簡易裁判所における特則（請求の原因に代わる紛争の要点）

簡易裁判所においては、請求の原因に代えて**紛争の要点**を明らかにすれば足りるとされている（法272条）。ここにいう紛争の要点は、民事調停規則3条に規定する「紛争の要点」と同義であり、民事の紛争が生じるに至った原因とその経過および解決を必要としている紛争の実情をいうと解されている。このような記載があれば補正命令とこれによる訴状却下（法137条）はできないことになる。

ところで、紛争の要点だけでの記載では、請求の特定がされていないこともありうるが、仮に早期に特定されなければ、被告の防御にも影響するし、審判の対象が不明確なままでは訴訟を進行することもできない。また、口頭弁論の終結時までに請求が特定されない場合には、訴訟物の特定を欠くものとして請求棄却判決がされることになる。そのため、受け付け後、早い段階で、裁判所から補正の促し等が行われることになろう。

したがって、簡易裁判所においては、法272条の規定があるものの、可能な限り、訴え提起の段階から、特定請求原因（T）と理由づけ請求原因（R）を記載するのが望ましいことになる。

特に、口頭弁論期日に被告が出頭しない場合には、**擬制自白**により**欠席判決**が可能（法94条２項・159条３項）であるが、そのためには、請求が特定されているだけでなく、請求を理由づける事実も主張されていなければならない。この理由づけ請求原因の主張を欠いていれば、期日を続行するなどして、主張の補充をしなければならないことになろう（法276条２項・３項）。

このようにみてくると、訴訟代理人の関与する訴訟においては、理由づけ請求原因まで記載された訴状の提出が当然の前提とされていると考えられよう。

● *Check Point*——判決をするための要件 ●

裁判所が本案判決をするためには、請求を特定するのに必要な請求原因事実が主張されていなければならない。さらに、原告の請求を認容する判決をするためには、請求を理由づける請求原因事実が主張されていなければならない。

(6)　定型訴状の記載例

ここで、参考までに、各簡易裁判所の窓口で用意されている定型訴状をその記載例とともに紹介する。

【書式３】　定型訴状(1)——貸金請求事件

簡　易　裁　判　所　に
「貸金請求の訴え」を起こしたい方のために

1　はじめに

この用紙は，あなたが知人にお金を貸したけれど一向に返してくれず困っているというような場合に，簡易裁判所に提出する「訴状」を比較的簡単に作れるように工夫したものです。

しかし，訴状はあなた自身が作るものですから，そのことを念頭に置いた上で，この説明書及び裏面の記載例をよく読んで作成してください。

なお，簡易裁判所に訴えを起こせるのは，請求金額（訴額）が140万円以下の場合で，さらに，少額訴訟手続が利用できるのは，請求金額（訴額）が60万円以下の場合ですので，ご注意ください。また，この用紙は，主に個人的な金銭の貸し借りの解決のために用意したものですから，金融業者の方のように反復継続して金銭を貸し付けている場合には不向きですので，ご了承ください。

2　訴状の作り方

この用紙は３枚複写になっていますので，ボールペンで強く書いてください。記入が終わったらあなたの言い分どおりの内容になっているかどうかをよく確認し，内容に間違いがない場合には，次の要領で訴状を完成させてください。

⑴　各ページをはがし，Ａ３の大きさの用紙（白色）についてはＡ４の大きさになるように２つ折りにして，同じ色の用紙を組み合わせて左端をホチキスでとめます。

⑵　訂正箇所（抹消部分を含む。）があるときは，訂正印を押してください。

なお，１ページ目のあなたの氏名の右側に認め印（会社の場合は代表者印）が押してあるか，確認してください。

⑶　訴えを起こす場合には，申立手数料と被告（相手方）の呼出しなどを行うための郵便料金が必要です。申立手数料については，簡易裁判所の窓口に確認の上，手数料相当額の収入印紙を訴状（白色）の「収入印紙貼付欄」に貼ってください。手数料額の目安については，別表をご覧ください。郵便料金については，この訴状を提出する簡易裁判所の窓口に確認の上，所要額を郵便切手で納めてください。

3　裁判所へ提出するもの

⑴　裁判所には白色と黄色の２組を提出してください。白色のものが裁判所で保管する分，黄色のものが被告（相手方）へ送付する分で，青色のものはあなたの控えになります。被告（相手方）が２名のときは，記入ずみの黄色のものをコピーしてもう１組（これにも認め印，訂正印が必要です。）

提出してください。

⑵　あなた又は被告（相手方）が会社であるときは，その会社の商業登録簿謄本（又は登記事項証明書）が１通必要になりますから，その会社の所在地を管轄する法務局から交付を受け，訴状と一緒に裁判所に提出してください。

4　訴訟手続の概略

備付けのリーフレット（「ご存じですか？簡易裁判所の民事訴訟」や「ご存じですか？簡易裁判所の少額訴訟」など）をご覧ください。

☆裁判所に来られるときは，訴状に押した認め印を必ず持参してください。なお，ご不明な点があれば，最寄りの簡易裁判所の窓口でお尋ねください。

あなたの申し立てる事件が60万円以下の金銭の支払を求めるもので，紛争の解決に少額訴訟手続を利用したい場合には，この□を✓点でチェックし，本年中に同じ裁判所においてあなたが少額訴訟による審理及び裁判を求めるのは今回で何回目なのかを空欄に書いてください。

訴　状

事件名　貸金請求事件

□少額訴訟による審理及び裁判を求めます。本年，この裁判所において少額訴訟による審理及び裁判を求めるのは　　回目です。

〇〇簡易裁判所　御　中　　　平成〇〇年 〇 月 〇 日

訴状の作成日

原告（申立人）		〒000-0000 住　所（所在地） 〇〇県〇〇市〇〇町〇丁目〇番〇号 氏　名（会社名・代表者名） 甲　野　太　郎　　印 TEL 000-000-0000　FAX 000-000-0000
	送達場所等の届出	原告（申立人）に対する書類の送達は，次の場所に宛てて行ってください。 ☑上記住所等 □勤務先　名　称 〒 住　所 TEL　－　－ □その他の場所（原告等との関係　　） 〒 住　所 TEL　－　－
		□原告（申立人）に対する書類の送達は，次の人に宛てて行ってください。 氏　名
被告（相手方）1		〒000-0000 住　所（所在地） 〇〇県〇〇市〇〇町〇丁目〇番〇号 氏　名（会社名・代表者名） 乙　山　二　郎 TEL 000-000-0000　FAX 000-000-0000
		勤務先の名称及び住所　〇〇県〇〇市〇〇町〇丁目〇番〇号 〇〇〇〇株式会社　TEL 000-000-0000
被告（相手方）2		〒000-0000 住　所（所在地） 〇〇県〇〇市〇〇町〇丁目〇番〇号 氏　名（会社名・代表者名） 丙　田　三　郎 TEL 000-000-0000　FAX 000-000-0000
		勤務先の名称及び住所　〇〇県〇〇市〇〇町〇丁目〇番〇号 有限会社〇〇〇〇　TEL 000-000-0000

訴訟物の価額	円	取扱者
貼用印紙類	円	
予納郵便切手	円	
貼用印紙　裏面貼付のとおり		

あなたに対して裁判所から書類を送る場合にどこに宛てて送ってほしいか，希望する場所（送達場所）の□を✓点でチェックして届け出てください。以後あなたに対する書類はこの届出場所に宛てててお送りすることになります。

あなたの勤務先に書類を送ってほしい場合には，「勤務先」の□を✓点でチェックし，勤務先の名称とその住所を書いてください。

あなたの住所でも勤務先でもない場所（例えば，あなたのお父さんの家など）に書類を送ってほしい場合には，「その他の場所」の□を✓点でチェックし，「原告等との関係」の部分に「父の家」などとあなたとその場所の関係を書き，その住所を書いてください。

上記の届出場所においてあなたの代わりにあなた宛の書類を受け取るべき人（送達受取人）を届け出る場合には，この□を✓点でチェックし，その人の氏名を書いてください。この届出をすると，以後あなたに対する書類は送達受取人に宛てててお送りすることになります。

被告（相手方）が１名のときは，「被告（相手方）１」欄に，被告（相手方）が２名のときは，「被告（相手方）１」及び「被告（相手方）２」欄にそれぞれ記入してください。

あなたの住所，氏名，電話やファクシミリがある場合にはその番号を書き，氏名の横にあなたの認め印を押してください。原告（申立人）が会社であるときは，会社の所在地，会社名，代表者の氏名，電話やファクシミリがある場合にはその番号を書いた上，代表者印を押してください。

被告（相手方）の住所，氏名，電話やファクシミリの番号が分かっている場合にはその番号を書いてください。被告（相手方）が会社であるときは，商業登記簿謄本又は登記事項証明書を見て，会社の所在地，会社名，代表者の氏名を書き，また，電話やファクシミリの番号が分かっている場合にはその番号を書いてください。

この欄は，簡易裁判所の窓口でお尋ねください。

被告（相手方）の勤務先の名称や住所，電話番号が分かっていれば，その範囲で書いてください。

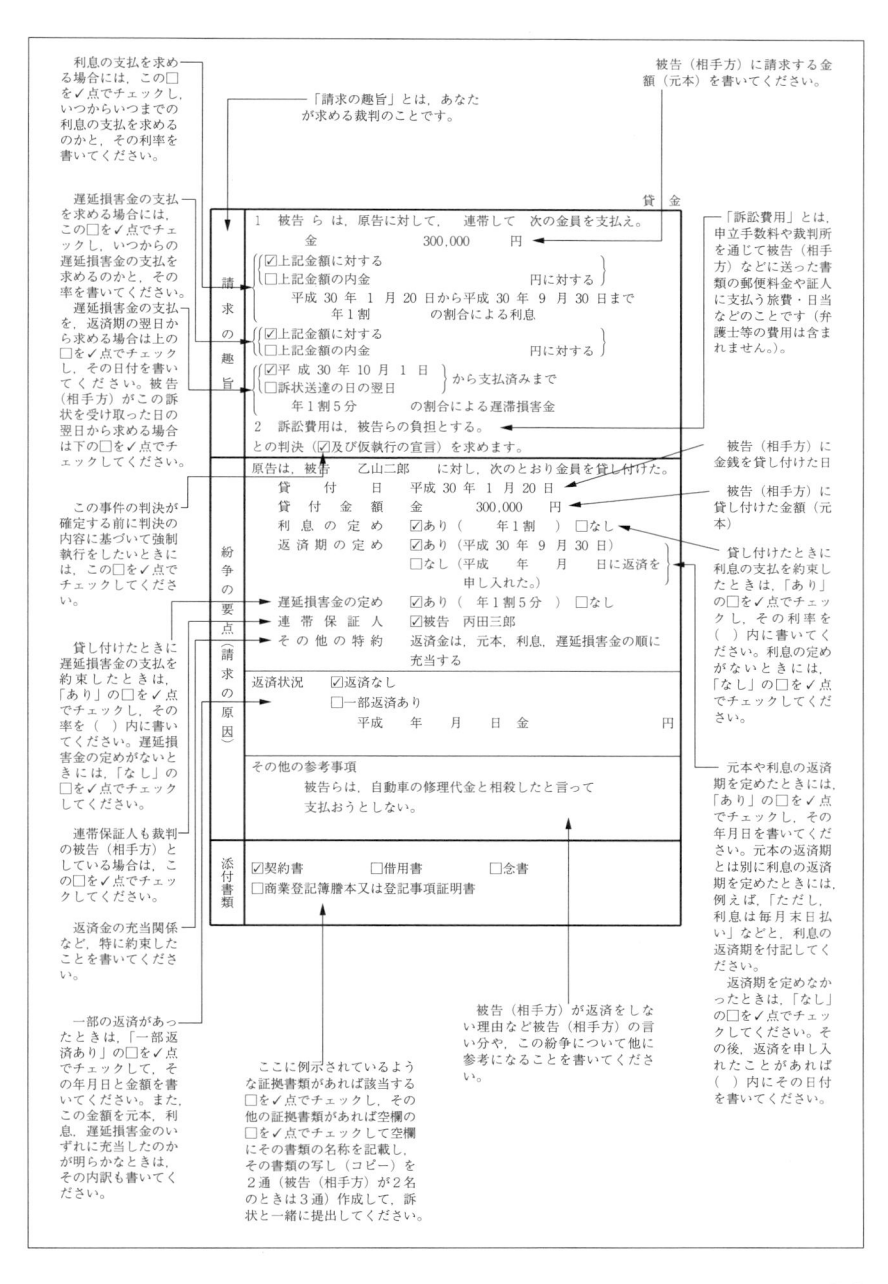

利息の支払を求める場合には，この□を✓点でチェックし，いつからいつまでの利息の支払を求めるのかと，その利率を書いてください。

遅延損害金の支払を求める場合には，この□を✓点でチェックし，いつからの遅延損害金の支払を求めるのかと，その率を書いてください。

遅延損害金の支払を，返済期の翌日から求める場合は上の□を✓点でチェックし，その日付を書いてください。被告（相手方）がこの訴状を受け取った日の翌日から求める場合は下の□を✓点でチェックしてください。

この事件の判決が確定する前に判決の内容に基づいて強制執行をしたいときには，この□を✓点でチェックしてください。

貸し付けたときに遅延損害金の支払を約束したときは，「あり」の□を✓点でチェックし，その率を（　）内に書いてください。遅延損害金の定めがないときには，「なし」の□を✓点でチェックしてください。

連帯保証人も裁判の被告（相手方）としている場合は，この□を✓点でチェックしてください。

返済金の充当関係など，特に約束したことを書いてください。

一部の返済があったときは，「一部返済あり」の□を✓点でチェックして，その年月日と金額を書いてください。また，この金額を元本，利息，遅延損害金のいずれに充当したのかが明らかなときは，その内訳も書いてください。

「請求の趣旨」とは，あなたが求める裁判のことです。

被告（相手方）に請求する金額（元本）を書いてください。

貸　金

請求の趣旨

1　被告ら は，原告に対して，　連帯して　次の金員を支払え。
　　金　　　　300,000　　円
　☑上記金額に対する
　□上記金額の内金　　　　　　　円に対する
　　平成 30 年 1 月 20 日から平成 30 年 9 月 30 日まで
　　年１割　　　の割合による利息
　☑上記金額に対する
　□上記金額の内金　　　　　　　円に対する
　☑平 成 30 年 10 月 1 日
　□訴状送達の日の翌日　　　　　　　から支払済みまで
　　年１割５分　　　の割合による遅滞損害金
2　訴訟費用は，被告らの負担とする。
との判決（☑及び仮執行の宣言）を求めます。

紛争の要点（請求の原因）

原告は，被告　乙山二郎　に対し，次のとおり金員を貸し付けた。

貸付日	平成 30 年 1 月 20 日
貸付金額	金　300,000　円
利息の定め	☑あり（　年１割　）□なし
返済期の定め	☑あり（平成 30 年 9 月 30 日） □なし（平成　年　月　日に返済を申し入れた。）
遅延損害金の定め	☑あり（　年１割５分　）□なし
連帯保証人	☑被告　丙田三郎
その他の特約	返済金は，元本，利息，遅延損害金の順に充当する

返済状況　☑返済なし
　　　　　□一部返済あり
　　　　　　平成　年　月　日 金　　　　　円

その他の参考事項
　被告らは，自動車の修理代金と相殺したと言って支払おうとしない。

添付書類

☑契約書　　□借用書　　□念書
□商業登記簿謄本又は登記事項証明書

ここに例示されているような証拠書類があれば該当する□を✓点でチェックし，その他の証拠書類があれば空欄の□を✓点でチェックして空欄にその書類の名称を記載し，その書類の写し（コピー）を２通（被告（相手方）が２名のときは３通）作成して，訴状と一緒に提出してください。

被告（相手方）が返済をしない理由など被告（相手方）の言い分や，この紛争について他に参考になることを書いてください。

「訴訟費用」とは，申立手数料や裁判所を通じて被告（相手方）などに送った書類の郵便料金や証人に支払う旅費・日当などのことです（弁護士等の費用は含まれません。）。

被告（相手方）に金銭を貸し付けた日

被告（相手方）に貸し付けた金額（元本）

貸し付けたときに利息の支払を約束したときは，「あり」の□を✓点でチェックし，その利率を（　）内に書いてください。利息の定めがないときには，「なし」の□を✓点でチェックしてください。

元本や利息の返済期を定めたときには，「あり」の□を✓点でチェックし，その年月日を書いてください。元本の返済期とは別に利息の返済期を定めたときには，例えば，「ただし，利息は毎月末日払い」などと，利息の返済期を付記してください。
　返済期を定めなかったときは，「なし」の□を✓点でチェックしてください。その後，返済を申し入れたことがあれば（　）内にその日付を書いてください。

【書式４】 定型訴状(2)——売買代金請求事件

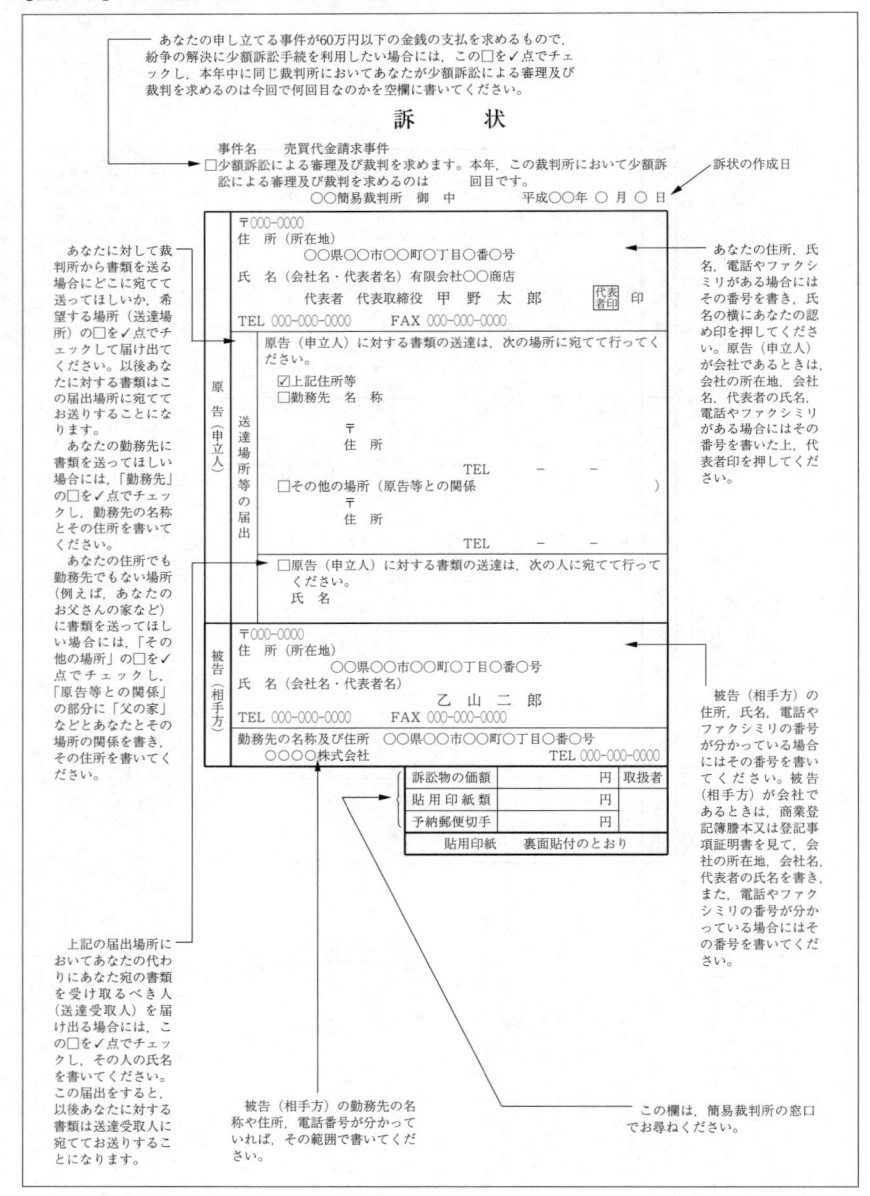

あなたの申し立てる事件が60万円以下の金銭の支払を求めるもので，紛争の解決に少額訴訟手続を利用したい場合には，この□を✓点でチェックし，本年中に同じ裁判所においてあなたが少額訴訟による審理及び裁判を求めるのは今回で何回目なのかを空欄に書いてください。

訴　　状

事件名　売買代金請求事件

□少額訴訟による審理及び裁判を求めます。本年，この裁判所において少額訴訟による審理及び裁判を求めるのは　　回目です。

○○簡易裁判所　御　中　　　　平成○○年　○　月　○　日

訴状の作成日

原告（申立人）		〒000-0000 住　所（所在地） ○○県○○市○○町○丁目○番○号 氏　名（会社名・代表者名）有限会社○○商店 代表者　代表取締役　甲　野　太　郎　代表者印　印 TEL 000-000-0000　FAX 000-000-0000
	送達場所等の届出	原告（申立人）に対する書類の送達は，次の場所に宛てて行ってください。 ☑上記住所等 □勤務先　名　称 〒 住　所 TEL　－　－ □その他の場所（原告等との関係　　） 〒 住　所 TEL　－　－
		□原告（申立人）に対する書類の送達は，次の人に宛てて行ってください。 氏　名
被告（相手方）		〒000-0000 住　所（所在地） ○○県○○市○○町○丁目○番○号 氏　名（会社名・代表者名） 乙　山　二　郎 TEL 000-000-0000　FAX 000-000-0000
		勤務先の名称及び住所　○○県○○市○○町○丁目○番○号 ○○○○株式会社　TEL 000-000-0000

訴訟物の価額	円	取扱者
貼用印紙類	円	
予納郵便切手	円	
貼用印紙　裏面貼付のとおり		

あなたに対して裁判所から書類を送る場合にどこに宛てて送ってほしいか，希望する場所（送達場所）の□を✓点でチェックして届け出てください。以後あなたに対する書類はこの届出場所に宛ててお送りすることになります。

あなたの勤務先に書類を送ってほしい場合には，「勤務先」の□を✓点でチェックし，勤務先の名称とその住所を書いてください。

あなたの住所でも勤務先でもない場所（例えば，あなたのお父さんの家など）に書類を送ってほしい場合には，「その他の場所」の□を✓点でチェックし，「原告等との関係」の部分に「父の家」などとあなたとその場所の関係を書き，その住所を書いてください。

上記の届出場所においてあなたの代わりにあなた宛の書類を受け取るべき人（送達受取人）を届け出る場合には，この□を✓点でチェックし，その人の氏名を書いてください。この届出をすると，以後あなたに対する書類は送達受取人に宛ててお送りすることになります。

あなたの住所，氏名，電話やファクシミリがある場合にはその番号を書き，氏名の横にあなたの認め印を押してください。原告（申立人）が会社であるときは，会社の所在地，会社名，代表者の氏名，電話やファクシミリがある場合にはその番号を書いた上，代表者印を押してください。

被告（相手方）の住所，氏名，電話やファクシミリの番号が分かっている場合にはその番号を書いてください。被告（相手方）が会社であるときは，商業登記簿謄本又は登記事項証明書を見て，会社の所在地，会社名，代表者の氏名を書き，また，電話やファクシミリの番号が分かっている場合にはその番号を書いてください。

被告（相手方）の勤務先の名称や住所，電話番号が分かっていれば，その範囲で書いてください。

この欄は，簡易裁判所の窓口でお尋ねください。

「請求の趣旨」とは，あなたが求める裁判のことです。

被告（相手方）に請求する金額を書いてください。

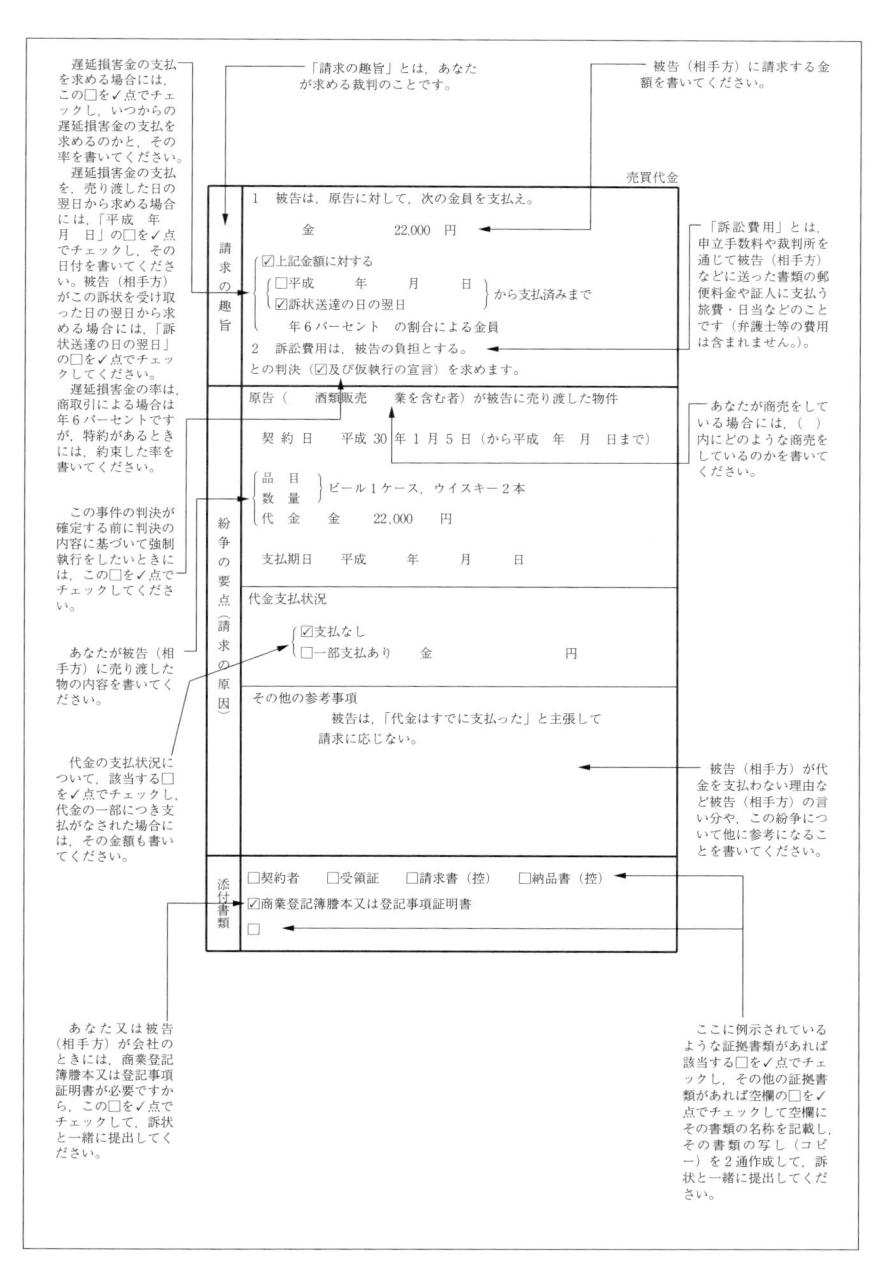

遅延損害金の支払を求める場合には，この□を✓点でチェックし，いつからの遅延損害金の支払を求めるのかと，その率を書いてください。
遅延損害金の支払を，売り渡した日の翌日から求める場合には，「平成　年　月　日」の□を✓点でチェックし，その日付を書いてください。被告（相手方）がこの訴状を受け取った日の翌日から求める場合には，「訴状送達の日の翌日」の□を✓点でチェックしてください。
遅延損害金の率は，商取引による場合は年6パーセントですが，特約があるときには，約束した率を書いてください。

この事件の判決が確定する前に判決の内容に基づいて強制執行をしたいときには，この□を✓点でチェックしてください。

「訴訟費用」とは，申立手数料や裁判所を通じて被告（相手方）などに送った書類の郵便料金や証人に支払う旅費・日当などのことです（弁護士等の費用は含まれません。）。

売買代金

請求の趣旨

1　被告は，原告に対して，次の金員を支払え。

金　22,000　円

☑上記金額に対する
□平成　年　月　日
☑訴状送達の日の翌日
から支払済みまで
年6パーセント　の割合による金員

2　訴訟費用は，被告の負担とする。

との判決（☑及び仮執行の宣言）を求めます。

紛争の要点（請求の原因）

原告（　酒類販売　業を含む者）が被告に売り渡した物件

契約日　平成 30 年 1 月 5 日（から平成　年　月　日まで）

品目・数量　ビール1ケース，ウイスキー2本
代金　金　22,000　円

支払期日　平成　年　月　日

あなたが商売をしている場合には，（　）内にどのような商売をしているのかを書いてください。

あなたが被告（相手方）に売り渡した物の内容を書いてください。

代金支払状況

☑支払なし
□一部支払あり　金　円

代金の支払状況について，該当する□を✓点でチェックし，代金の一部につき支払がなされた場合には，その金額も書いてください。

その他の参考事項

被告は，「代金はすでに支払った」と主張して請求に応じない。

被告（相手方）が代金を支払わない理由など被告（相手方）の言い分や，この紛争について他に参考になることを書いてください。

添付書類

□契約者　□受領証　□請求書（控）　□納品書（控）
☑商業登記簿謄本又は登記事項証明書
□

あなた又は被告（相手方）が会社のときには，商業登記簿謄本又は登記事項証明書が必要ですから，この□を✓点でチェックして，訴状と一緒に提出してください。

ここに例示されているような証拠書類があれば該当する□を✓点でチェックし，その他の証拠書類があれば空欄の□を✓点でチェックして空欄にその書類の名称を記載し，その書類の写し（コピー）を2通作成して，訴状と一緒に提出してください。

【書式５】 定型訴状(3)――給料支払請求事件

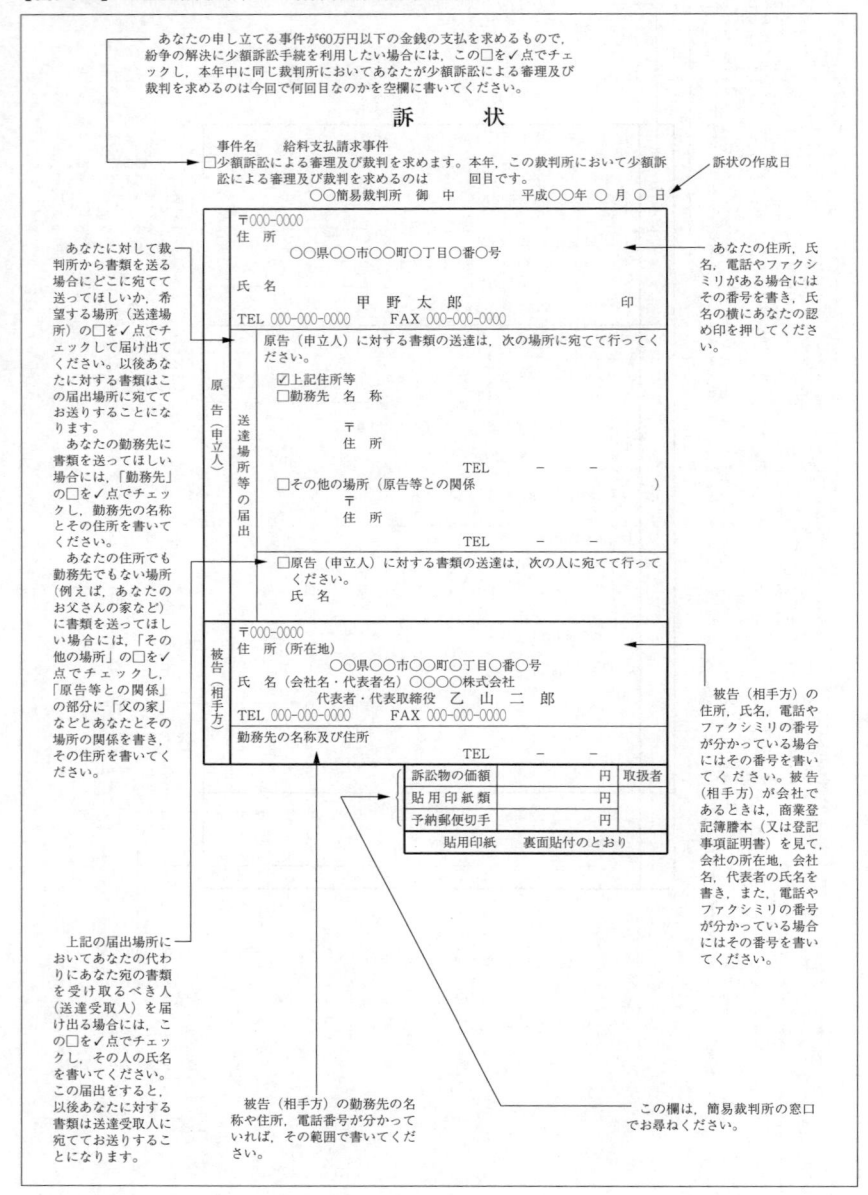

あなたの申し立てる事件が60万円以下の金銭の支払を求めるもので，紛争の解決に少額訴訟手続を利用したい場合には，この□を✓点でチェックし，本年中に同じ裁判所においてあなたが少額訴訟による審理及び裁判を求めるのは今回で何回目なのかを空欄に書いてください。

訴　　状

事件名　　給料支払請求事件

□少額訴訟による審理及び裁判を求めます。本年，この裁判所において少額訴訟による審理及び裁判を求めるのは　　　回目です。

〇〇簡易裁判所　御　中　　　　平成〇〇年　〇　月　〇　日

（訴状の作成日）

原告（申立人）

〒000-0000
住　所
〇〇県〇〇市〇〇町〇丁目〇番〇号

氏　名
甲　野　太　郎　　　　印

TEL 000-000-0000　　FAX 000-000-0000

送達場所等の届出

原告（申立人）に対する書類の送達は，次の場所に宛てて行ってください。

☑上記住所等

□勤務先　名　称
〒
住　所
TEL　　－　　－

□その他の場所（原告等との関係　　　　　　　　）
〒
住　所
TEL　　－　　－

□原告（申立人）に対する書類の送達は，次の人に宛てて行ってください。
氏　名

被告（相手方）

〒000-0000
住　所（所在地）
〇〇県〇〇市〇〇町〇丁目〇番〇号

氏　名（会社名・代表者名）〇〇〇〇株式会社
代表者・代表取締役　乙　山　二　郎

TEL 000-000-0000　　FAX 000-000-0000

勤務先の名称及び住所
TEL　　－　　－

訴訟物の価額	円	取扱者
貼用印紙類	円	
予納郵便切手	円	
貼用印紙　裏面貼付のとおり		

あなたの住所，氏名，電話やファクシミリがある場合にはその番号を書き，氏名の横にあなたの認め印を押してください。

あなたに対して裁判所から書類を送る場合にどこに宛てて送ってほしいか，希望する場所（送達場所）の□を✓点でチェックして届け出てください。以後あなたに対する書類はこの届出場所に宛ててお送りすることになります。

あなたの勤務先に書類を送ってほしい場合には，「勤務先」の□を✓点でチェックし，勤務先の名称とその住所を書いてください。

あなたの住所でも勤務先でもない場所（例えば，あなたのお父さんの家など）に書類を送ってほしい場合には，「その他の場所」の□を✓点でチェックし，「原告等との関係」の部分に「父の家」などとあなたとその場所の関係を書き，その住所を書いてください。

上記の届出場所においてあなたの代わりにあなた宛の書類を受け取るべき人（送達受取人）を届け出る場合には，この□を✓点でチェックし，その人の氏名を書いてください。この届出をすると，以後あなたに対する書類は送達受取人に宛ててお送りすることになります。

被告（相手方）の住所，氏名，電話やファクシミリの番号が分かっている場合にはその番号を書いてください。被告（相手方）が会社であるときは，商業登記簿謄本（又は登記事項証明書）を見て，会社の所在地，会社名，代表者の氏名を書き，また，電話やファクシミリの番号が分かっている場合にはその番号を書いてください。

被告（相手方）の勤務先の名称や住所，電話番号が分かっていれば，その範囲で書いてください。

この欄は，簡易裁判所の窓口でお尋ねください。

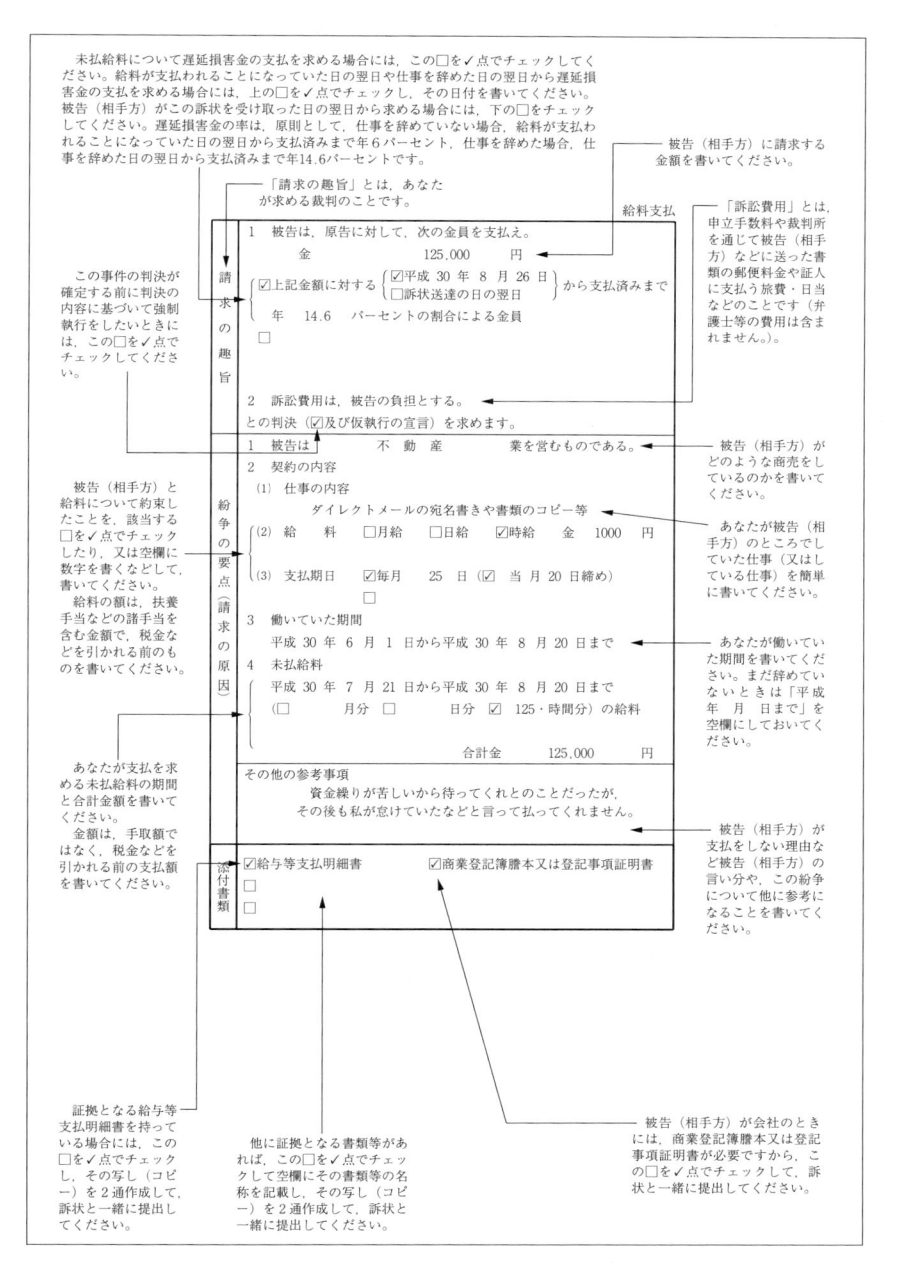

未払給料について遅延損害金の支払を求める場合には，この□を✓点でチェックしてください。給料が支払われることになっていた日の翌日や仕事を辞めた日の翌日から遅延損害金の支払を求める場合には，上の□を✓点でチェックし，その日付を書いてください。被告（相手方）がこの訴状を受け取った日の翌日から求める場合には，下の□をチェックしてください。遅延損害金の率は，原則として，仕事を辞めていない場合，給料が支払われることになっていた日の翌日から支払済みまで年６パーセント，仕事を辞めた場合，仕事を辞めた日の翌日から支払済みまで年14.6パーセントです。

「請求の趣旨」とは，あなたが求める裁判のことです。

被告（相手方）に請求する金額を書いてください。

「訴訟費用」とは，申立手数料や裁判所を通じて被告（相手方）などに送った書類の郵便料金や証人に支払う旅費・日当などのことです（弁護士等の費用は含まれません。）。

給料支払

請求の趣旨

1　被告は，原告に対して，次の金員を支払え。

金　125,000　円

☑上記金額に対する｛☑平成 30 年 8 月 26 日／□訴状送達の日の翌日｝から支払済みまで

年　14.6　パーセントの割合による金員

□

2　訴訟費用は，被告の負担とする。

との判決（☑及び仮執行の宣言）を求めます。

この事件の判決が確定する前に判決の内容に基づいて強制執行をしたいときには，この□を✓点でチェックしてください。

紛争の要点（請求の原因）

1　被告は　不　動　産　業を営むものである。

2　契約の内容

(1)　仕事の内容

ダイレクトメールの宛名書きや書類のコピー等

(2)　給　料　□月給　□日給　☑時給　金　1000　円

(3)　支払期日　☑毎月　25　日（☑　当 月 20 日締め）

□

3　働いていた期間

平成 30 年 6 月 1 日から平成 30 年 8 月 20 日まで

4　未払給料

平成 30 年 7 月 21 日から平成 30 年 8 月 20 日まで

（□　月分　□　日分　☑　125・時間分）の給料

合計金　125,000　円

その他の参考事項

資金繰りが苦しいから待ってくれとのことだったが，その後も私が怠けていたなどと言って払ってくれません。

添付書類

☑給与等支払明細書　☑商業登記簿謄本又は登記事項証明書

□

□

被告（相手方）がどのような商売をしているのかを書いてください。

被告（相手方）と給料について約束したことを，該当する□を✓点でチェックしたり，又は空欄に数字を書くなどして，書いてください。

給料の額は，扶養手当などの諸手当を含む金額で，税金などを引かれる前のものを書いてください。

あなたが被告（相手方）のところでしていた仕事（又はしている仕事）を簡単に書いてください。

あなたが働いていた期間を書いてください。まだ辞めていないときは「平成　年　月　日まで」を空欄にしておいてください。

あなたが支払を求める未払給料の期間と合計金額を書いてください。

金額は，手取額ではなく，税金などを引かれる前の支払額を書いてください。

被告（相手方）が支払をしない理由など被告（相手方）の言い分や，この紛争について他に参考になることを書いてください。

証拠となる給与等支払明細書を持っている場合には，この□を✓点でチェックし，その写し（コピー）を２通作成して，訴状と一緒に提出してください。

他に証拠となる書類等があれば，この□を✓点でチェックして空欄にその書類等の名称を記載し，その写し（コピー）を２通作成して，訴状と一緒に提出してください。

被告（相手方）が会社のときには，商業登記簿謄本又は登記事項証明書が必要ですから，この□を✓点でチェックして，訴状と一緒に提出してください。

【書式6】 定型訴状(4)——建物明渡請求事件

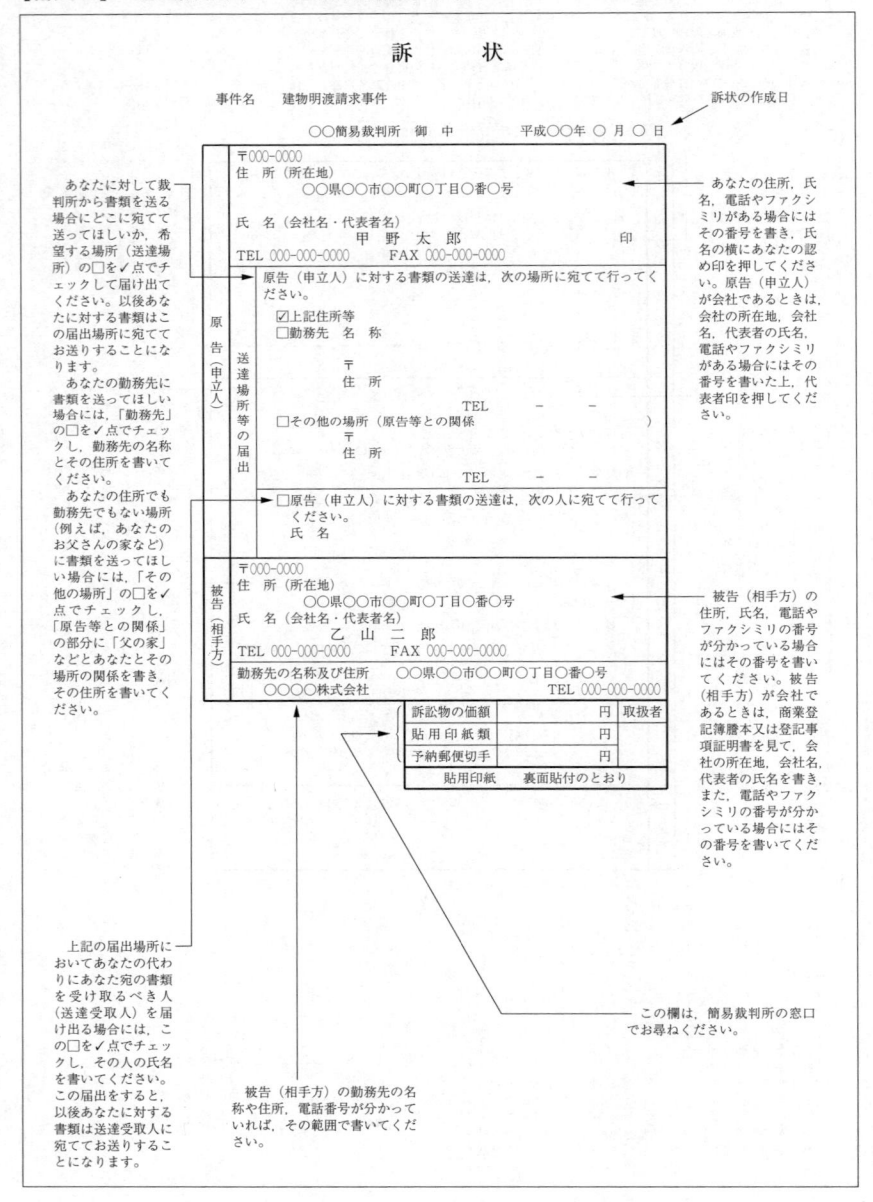

訴 状

事件名　建物明渡請求事件

○○簡易裁判所　御　中　　　平成○○年 ○ 月 ○ 日

訴状の作成日

原告（申立人）

〒000-0000
住　所（所在地）
○○県○○市○○町○丁目○番○号

氏　名（会社名・代表者名）
甲　野　太　郎　　　印
TEL 000-000-0000　　FAX 000-000-0000

送達場所等の届出

原告（申立人）に対する書類の送達は，次の場所に宛てて行ってください。

☑上記住所等
□勤務先　名　称
〒
住　所
TEL　　－　　－
□その他の場所（原告等との関係　　　　　）
〒
住　所
TEL　　－　　－

□原告（申立人）に対する書類の送達は，次の人に宛てて行ってください。
氏　名

被告（相手方）

〒000-0000
住　所（所在地）
○○県○○市○○町○丁目○番○号
氏　名（会社名・代表者名）
乙　山　二　郎
TEL 000-000-0000　　FAX 000-000-0000

勤務先の名称及び住所　　○○県○○市○○町○丁目○番○号
○○○○株式会社　　　TEL 000-000-0000

訴訟物の価額	円	取扱者
貼用印紙額	円	
予納郵便切手	円	
貼用印紙　裏面貼付のとおり		

あなたに対して裁判所から書類を送る場合にどこに宛てて送ってほしいか，希望する場所（送達場所）の□を✓点でチェックして届け出てください。以後あなたに対する書類はこの届出場所に宛ててお送りすることになります。

あなたの勤務先に書類を送ってほしい場合には，「勤務先」の□を✓点でチェックし，勤務先の名称とその住所を書いてください。

あなたの住所でも勤務先でもない場所（例えば，あなたのお父さんの家など）に書類を送ってほしい場合には，「その他の場所」の□を✓点でチェックし，「原告等との関係」の部分に「父の家」などとあなたとその場所の関係を書き，その住所を書いてください。

上記の届出場所においてあなたの代わりにあなた宛の書類を受け取るべき人（送達受取人）を届け出る場合には，この□を✓点でチェックし，その人の氏名を書いてください。この届出をすると，以後あなたに対する書類は送達受取人に宛ててお送りすることになります。

あなたの住所，氏名，電話やファクシミリがある場合にはその番号を書き，氏名の横にあなたの認め印を押してください。原告（申立人）が会社であるときは，会社の所在地，会社名，代表者の氏名，電話やファクシミリがある場合にはその番号を書いた上，代表者印を押してください。

被告（相手方）の住所，氏名，電話やファクシミリの番号が分かっている場合にはその番号を書いてください。被告（相手方）が会社であるときは，商業登記簿謄本又は登記事項証明書を見て，会社の所在地，会社名，代表者の氏名を書き，また，電話やファクシミリの番号が分かっている場合にはその番号を書いてください。

被告（相手方）の勤務先の名称や住所，電話番号が分かっていれば，その範囲で書いてください。

この欄は，簡易裁判所の窓口でお尋ねください。

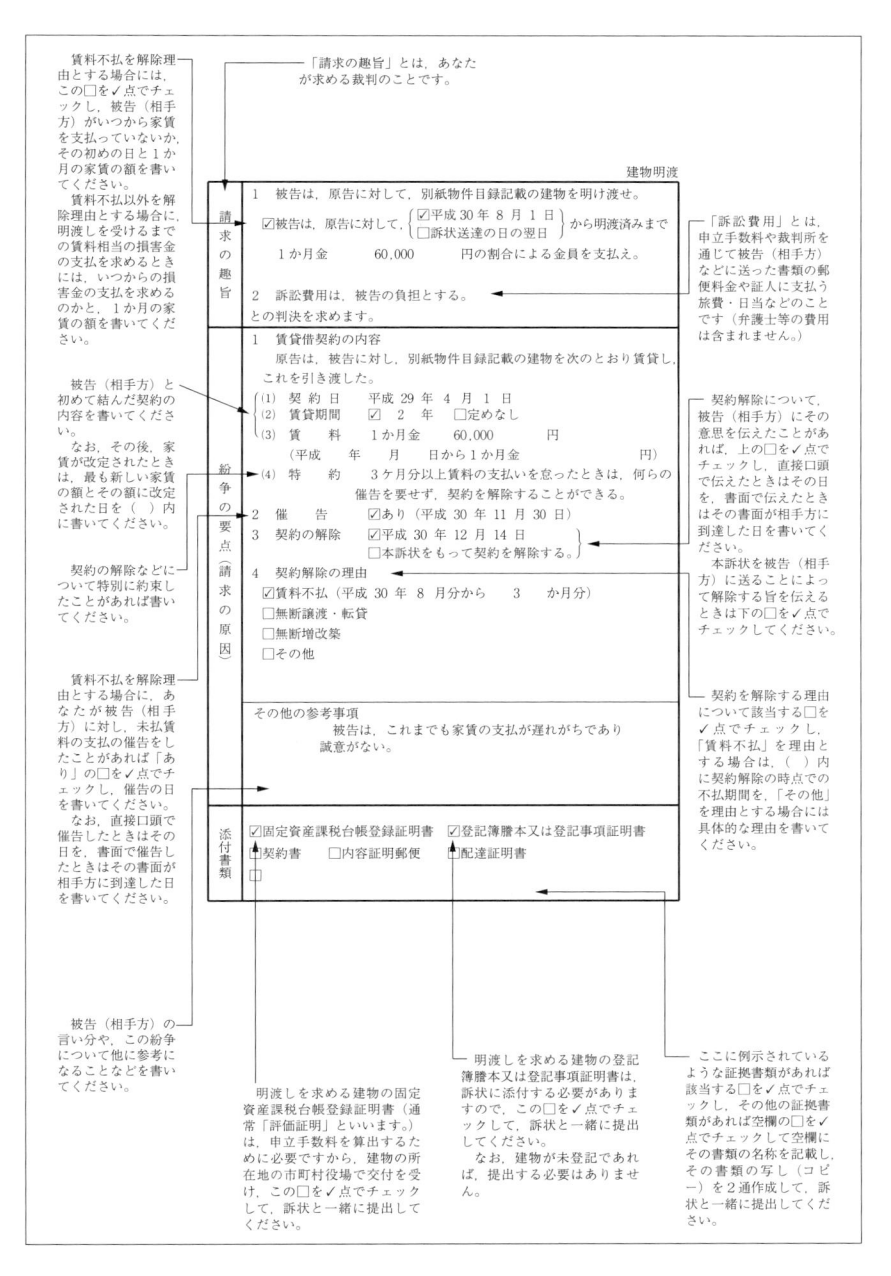

「請求の趣旨」とは，あなたが求める裁判のことです。

賃料不払を解除理由とする場合には，この□を✓点でチェックし，被告（相手方）がいつから家賃を支払っていないか，その初めの日と１か月の家賃の額を書いてください。
賃料不払以外を解除理由とする場合に，明渡しを受けるまでの賃料相当の損害金の支払を求めるときには，いつからの損害金の支払を求めるのかと，１か月の家賃の額を書いてください。

建物明渡

請求の趣旨

1　被告は，原告に対して，別紙物件目録記載の建物を明け渡せ。

☑被告は，原告に対して，{☑平成 30 年 8 月 1 日 / □訴状送達の日の翌日} から明渡済みまで

1か月金　60,000　円の割合による金員を支払え。

2　訴訟費用は，被告の負担とする。

との判決を求めます。

紛争の要点（請求の原因）

1　賃貸借契約の内容

原告は，被告に対し，別紙物件目録記載の建物を次のとおり賃貸し，これを引き渡した。

(1)　契約日　平成 29 年 4 月 1 日
(2)　賃貸期間　☑　2　年　□定めなし
(3)　賃　料　1か月金　60,000　円
（平成　年　月　日から1か月金　円）
(4)　特　約　3ケ月分以上賃料の支払いを怠ったときは，何らの催告を要せず，契約を解除することができる。

2　催　告　☑あり（平成 30 年 11 月 30 日）

3　契約の解除　☑平成 30 年 12 月 14 日 / □本訴状をもって契約を解除する。

4　契約解除の理由

☑賃料不払（平成 30 年 8 月分から　3　か月分）
□無断譲渡・転貸
□無断増改築
□その他

その他の参考事項
被告は，これまでも家賃の支払が遅れがちであり誠意がない。

添付書類

☑固定資産課税台帳登録証明書　☑登記簿謄本又は登記事項証明書
□契約書　□内容証明郵便　□配達証明書
□

「訴訟費用」とは，申立手数料や裁判所を通じて被告（相手方）などに送った書類の郵便料金や証人に支払う旅費・日当などのことです（弁護士等の費用は含まれません。）

被告（相手方）と初めて結んだ契約の内容を書いてください。
なお，その後，家賃が改定されたときは，最も新しい家賃の額とその額に改定された日を（　）内に書いてください。

契約の解除などについて特別に約束したことがあれば書いてください。

契約解除について，被告（相手方）にその意思を伝えたことがあれば，上の□を✓点でチェックし，直接口頭で伝えたときはその日を，書面で伝えたときはその書面が相手方に到達した日を書いてください。
本訴状を被告（相手方）に送ることによって解除する旨を伝えるときは下の□を✓点でチェックしてください。

賃料不払を解除理由とする場合に，あなたが被告（相手方）に対し，未払賃料の支払の催告をしたことがあれば「あり」の□を✓点でチェックし，催告の日を書いてください。
なお，直接口頭で催告したときはその日を，書面で催告したときはその書面が相手方に到達した日を書いてください。

契約を解除する理由について該当する□を✓点でチェックし，「賃料不払」を理由とする場合は，（　）内に契約解除の時点での不払期間を，「その他」を理由とする場合には具体的な理由を書いてください。

被告（相手方）の言い分や，この紛争について他に参考になることなどを書いてください。

明渡しを求める建物の固定資産課税台帳登録証明書（通常「評価証明」といいます。）は，申立手数料を算出するために必要ですから，建物の所在地の市町村役場で交付を受け，この□を✓点でチェックして，訴状と一緒に提出してください。

明渡しを求める建物の登記簿謄本又は登記事項証明書は，訴状に添付する必要がありますので，この□を✓点でチェックして，訴状と一緒に提出してください。
なお，建物が未登記であれば，提出する必要はありません。

ここに例示されているような証拠書類があれば該当する□を✓点でチェックし，その他の証拠書類があれば空欄の□を✓点でチェックして空欄にその書類の名称を記載し，その書類の写し（コピー）を２通作成して，訴状と一緒に提出してください。

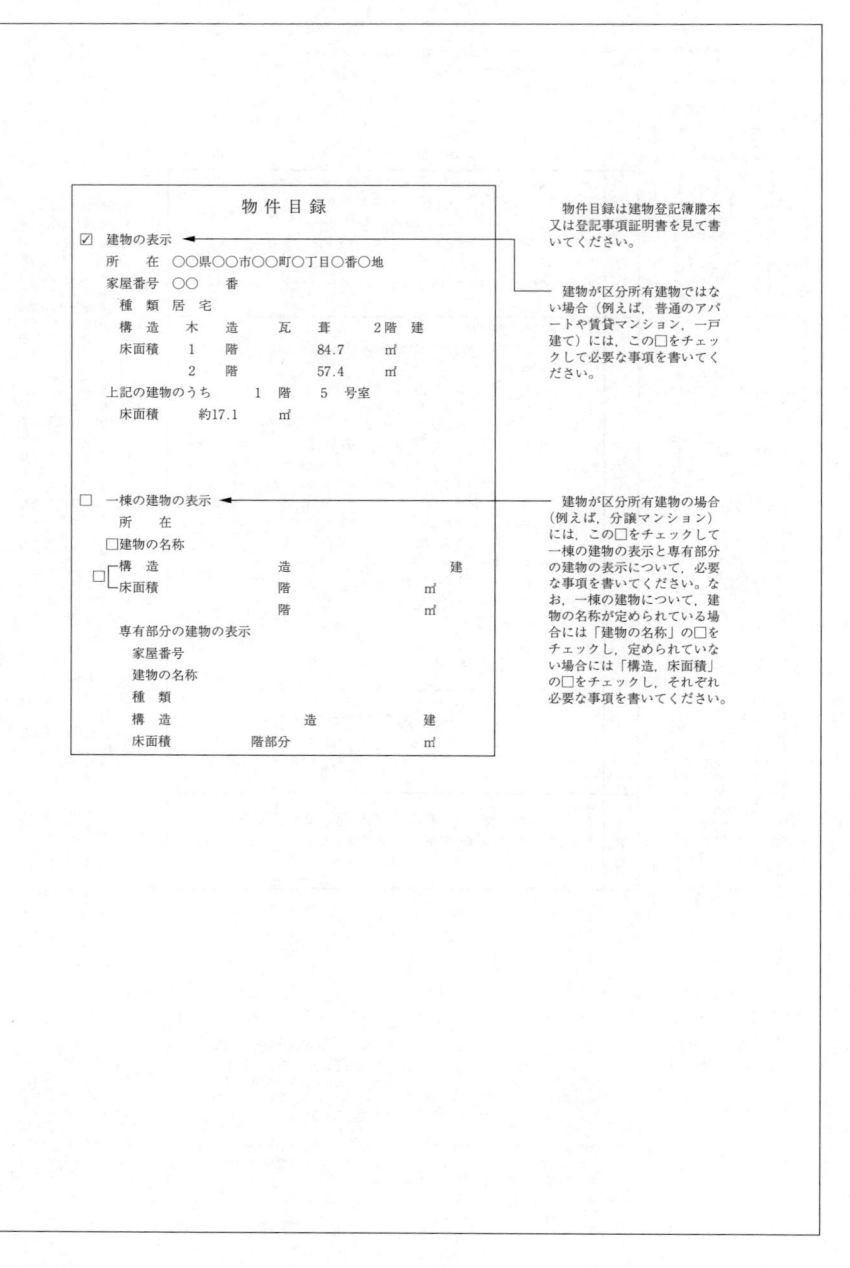

物件目録

☑ 建物の表示
所　在　○○県○○市○○町○丁目○番○地
家屋番号　○○　番
種類　居宅
構造　木造　瓦葺　2階建
床面積　1階　84.7　㎡
　　　　2階　57.4　㎡
上記の建物のうち　1階　5号室
床面積　約17.1　㎡

□ 一棟の建物の表示
所　在
□建物の名称
□┌構造　造　建
　└床面積　階　㎡
　　　　　階　㎡
専有部分の建物の表示
家屋番号
建物の名称
種類
構造　造　建
床面積　階部分　㎡

物件目録は建物登記簿謄本又は登記事項証明書を見て書いてください。

建物が区分所有建物ではない場合（例えば，普通のアパートや賃貸マンション，一戸建て）には，この□をチェックして必要な事項を書いてください。

建物が区分所有建物の場合（例えば，分譲マンション）には，この□をチェックして一棟の建物の表示と専有部分の建物の表示について，必要な事項を書いてください。なお，一棟の建物について，建物の名称が定められている場合には「建物の名称」の□をチェックし，定められていない場合には「構造，床面積」の□をチェックし，それぞれ必要な事項を書いてください。

［記載例１］　物件目録

物件目録 １　所　　在　　東京都〇〇区〇〇１丁目 　　地　　番　　〇〇番 　　地　　目　　宅地 　　地　　積　　〇〇．〇〇平方メートル ２　所　　在　　東京都〇〇区〇〇１丁目２番地 　　家屋番号　　〇〇番 　　種　　類　　共同住宅 　　構　　造　　鉄筋コンクリート造陸屋根〇階建 　　床 面 積　　１階　〇〇．〇〇平方メートル 　　　　　　　　２階　〇〇．〇〇平方メートル 　　　　　　　　３階　〇〇．〇〇平方メートル 以　　上

［記載例２］　物件目録（建物の区分所有等に関する法律の適用のある区分建物の表示）

物件目録 （一棟の建物の表示） 　　所　　　在　　東京都〇〇区〇〇１丁目２番地３ 　　建物の名称　　〇〇〇マンション （専有部分の建物の表示） 　　家 屋 番 号　　〇〇１丁目２番地３ 　　建物の名称　　〇〇〇 　　種　　　類　　居宅 　　構　　　造　　鉄筋コンクリート造１階建 　　床　面　積　　〇階部分　〇〇．〇〇平方メートル 以　　上

【書式７】 定型訴状(5)――敷金返還請求事件

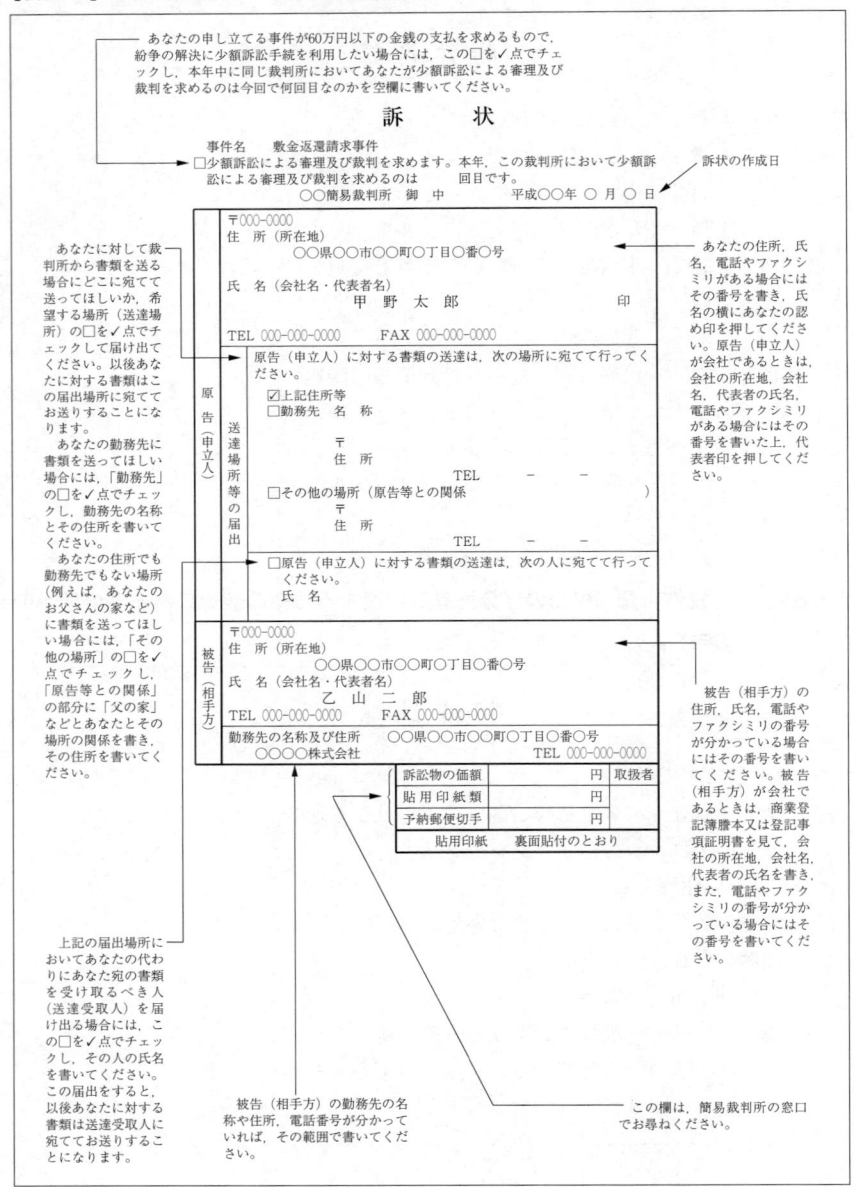

あなたの申し立てる事件が60万円以下の金銭の支払を求めるもので，紛争の解決に少額訴訟手続を利用したい場合には，この□を✓点でチェックし，本年中に同じ裁判所においてあなたが少額訴訟による審理及び裁判を求めるのは今回で何回目なのかを空欄に書いてください。

訴　　状

事件名　　敷金返還請求事件

□少額訴訟による審理及び裁判を求めます。本年，この裁判所において少額訴訟による審理及び裁判を求めるのは　　　回目です。

○○簡易裁判所　御　中　　　　平成○○年 ○ 月 ○ 日

訴状の作成日

原告（申立人）

〒000-0000
住　所（所在地）
○○県○○市○○町○丁目○番○号

氏　名（会社名・代表者名）
甲　野　太　郎　　　　　　印

TEL 000-000-0000　　FAX 000-000-0000

送達場所等の届出

原告（申立人）に対する書類の送達は，次の場所に宛てて行ってください。

☑上記住所等
□勤務先　名　称
〒
住　所
TEL　　－　　－
□その他の場所（原告等との関係　　　　　　）
〒
住　所
TEL　　－　　－

□原告（申立人）に対する書類の送達は，次の人に宛てて行ってください。
氏　名

被告（相手方）

〒000-0000
住　所（所在地）
○○県○○市○○町○丁目○番○号

氏　名（会社名・代表者名）
乙　山　二　郎

TEL 000-000-0000　　FAX 000-000-0000

勤務先の名称及び住所　　○○県○○市○○町○丁目○番○号
○○○○株式会社　　　　TEL 000-000-0000

訴訟物の価額	円	取扱者
貼用印紙類	円	
予納郵便切手	円	
貼用印紙　裏面貼付のとおり		

あなたに対して裁判所から書類を送る場合にどこに宛てて送ってほしいか，希望する場所（送達場所）の□を✓点でチェックして届け出てください。以後あなたに対する書類はこの届出場所に宛ててお送りすることになります。

あなたの勤務先に書類を送ってほしい場合には，「勤務先」の□を✓点でチェックし，勤務先の名称とその住所を書いてください。

あなたの住所でも勤務先でもない場所（例えば，あなたのお父さんの家など）に書類を送ってほしい場合には，「その他の場所」の□を✓点でチェックし，「原告等との関係」の部分に「父の家」などとあなたとその場所の関係を書き，その住所を書いてください。

あなたの住所，氏名，電話やファクシミリがある場合にはその番号を書き，氏名の横にあなたの認め印を押してください。原告（申立人）が会社であるときは，会社の所在地，会社名，代表者の氏名，電話やファクシミリがある場合にはその番号を書いた上，代表者印を押してください。

被告（相手方）の住所，氏名，電話やファクシミリの番号が分かっている場合にはその番号を書いてください。被告（相手方）が会社であるときは，商業登記簿謄本又は登記事項証明書を見て，会社の所在地，会社名，代表者の氏名を書き，また，電話やファクシミリの番号が分かっている場合にはその番号を書いてください。

上記の届出場所においてあなたの代わりにあなた宛の書類を受け取るべき人（送達受取人）を届け出る場合には，この□を✓点でチェックし，その人の氏名を書いてください。この届出をすると，以後あなたに対する書類は送達受取人に宛ててお送りすることになります。

被告（相手方）の勤務先の名称や住所，電話番号が分かっていれば，その範囲で書いてください。

この欄は，簡易裁判所の窓口でお尋ねください。

「請求の趣旨」とは，あなたが求める裁判のことです。

被告（相手方）に請求する金額（元本）を書いてください。

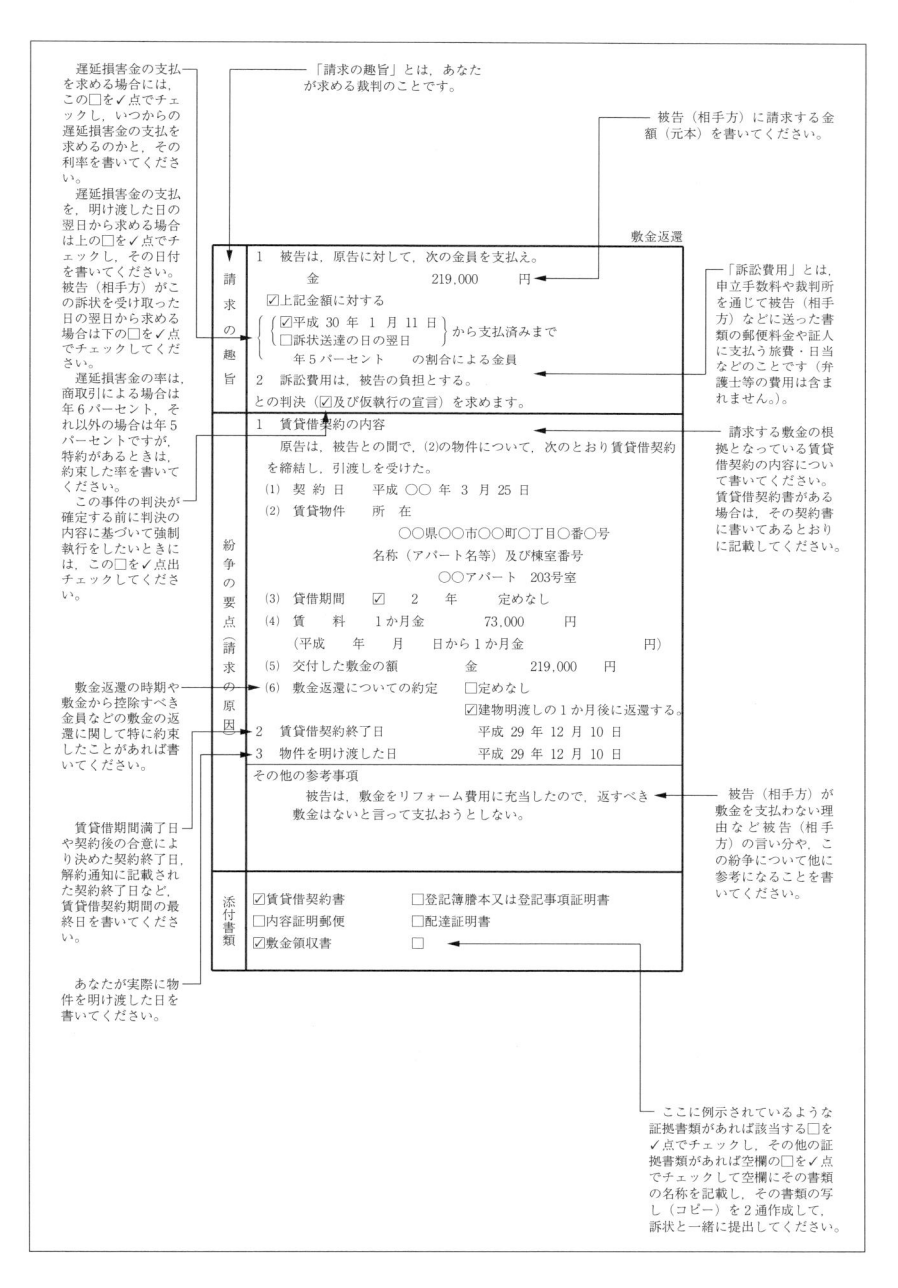

遅延損害金の支払を求める場合には，この□を✓点でチェックし，いつからの遅延損害金の支払を求めるのかと，その利率を書いてください。

遅延損害金の支払を，明け渡した日の翌日から求める場合は上の□を✓点でチェックし，その日付を書いてください。被告（相手方）がこの訴状を受け取った日の翌日から求める場合は下の□を✓点でチェックしてください。

遅延損害金の率は，商取引による場合は年6パーセント，それ以外の場合は年5パーセントですが，特約があるときは，約束した率を書いてください。

この事件の判決が確定する前に判決の内容に基づいて強制執行をしたいときには，この□を✓点出チェックしてください。

「訴訟費用」とは，申立手数料や裁判所を通じて被告（相手方）などに送った書類の郵便料金や証人に支払う旅費・日当などのことです（弁護士等の費用は含まれません。）。

敷金返還

請求の趣旨

1　被告は，原告に対して，次の金員を支払え。

　　金　　219,000　円

☑上記金額に対する

☑平成 30 年 1 月 11 日
□訴状送達の日の翌日
から支払済みまで

　年5パーセント　の割合による金員

2　訴訟費用は，被告の負担とする。

との判決（☑及び仮執行の宣言）を求めます。

紛争の要点（請求の原因）

1　賃貸借契約の内容

　原告は，被告との間で，(2)の物件について，次のとおり賃貸借契約を締結し，引渡しを受けた。

(1)　契 約 日　　平成 ○○ 年 3 月 25 日

(2)　賃貸物件　　所　在

　　○○県○○市○○町○丁目○番○号

　　名称（アパート名等）及び棟室番号

　　○○アパート　203号室

(3)　賃借期間　☑　2　年　　定めなし

(4)　賃　　料　　1か月金　　73,000　円

　（平成　年　月　日から1か月金　　　円）

(5)　交付した敷金の額　　金　219,000　円

(6)　敷金返還についての約定　□定めなし

　☑建物明渡しの1か月後に返還する。

2　賃貸借契約終了日　　平成 29 年 12 月 10 日

3　物件を明け渡した日　　平成 29 年 12 月 10 日

その他の参考事項

　被告は，敷金をリフォーム費用に充当したので，返すべき敷金はないと言って支払おうとしない。

添付書類

☑賃貸借契約書　　□登記簿謄本又は登記事項証明書

□内容証明郵便　　□配達証明書

☑敷金領収書　　□

請求する敷金の根拠となっている賃貸借契約の内容について書いてください。賃貸借契約書がある場合は，その契約書に書いてあるとおりに記載してください。

敷金返還の時期や敷金から控除すべき金員などの敷金の返還に関して特に約束したことがあれば書いてください。

賃貸借期間満了日や契約後の合意により決めた契約終了日，解約通知に記載された契約終了日など，賃貸借契約期間の最終日を書いてください。

あなたが実際に物件を明け渡した日を書いてください。

被告（相手方）が敷金を支払わない理由など被告（相手方）の言い分や，この紛争について他に参考になることを書いてください。

ここに例示されているような証拠書類があれば該当する□を✓点でチェックし，その他の証拠書類があれば空欄の□を✓点でチェックして空欄にその書類の名称を記載し，その書類の写し（コピー）を2通作成して，訴状と一緒に提出してください。

【書式８】 定型訴状(6)——損害賠償（交通・物損）請求事件

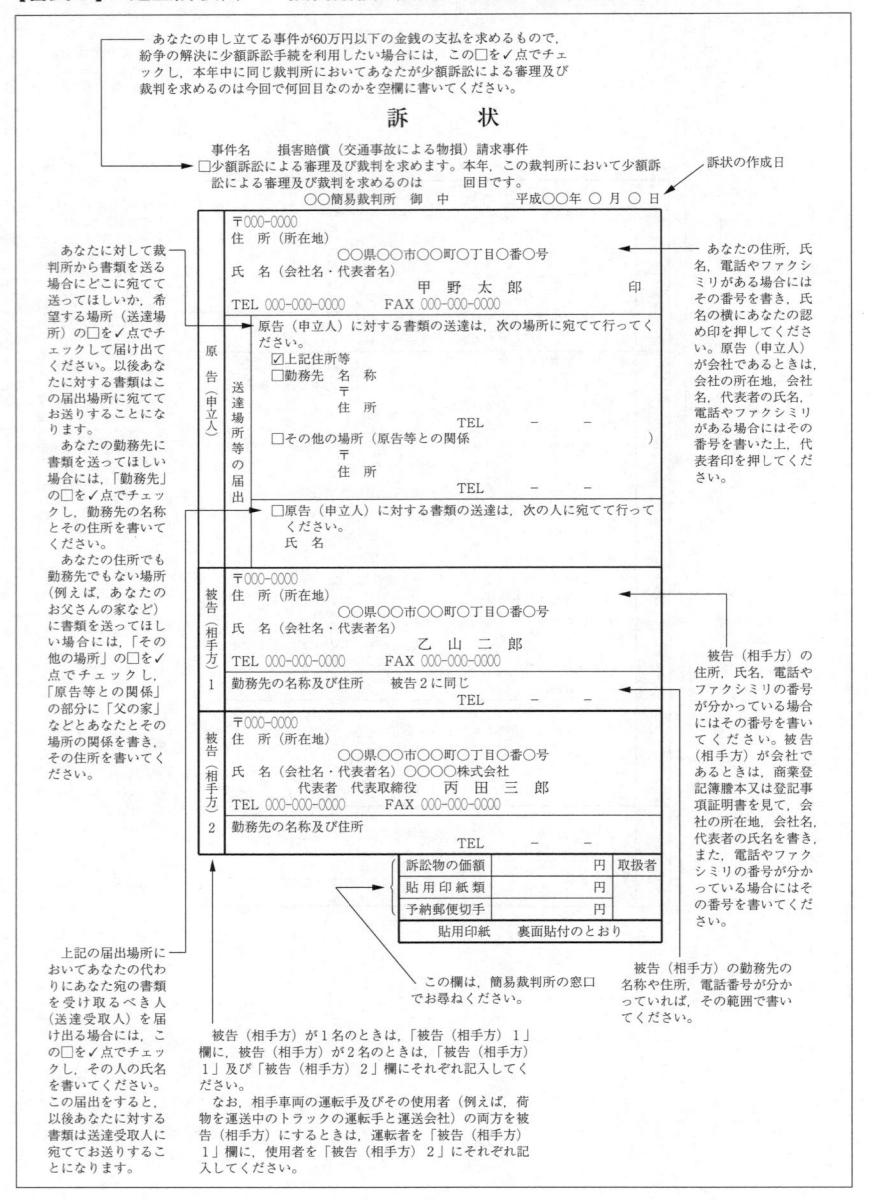

あなたの申し立てる事件が60万円以下の金銭の支払を求めるもので，紛争の解決に少額訴訟手続を利用したい場合には，この□を✓点でチェックし，本年中に同じ裁判所においてあなたが少額訴訟による審理及び裁判を求めるのは今回で何回目なのかを空欄に書いてください。

訴　　状

事件名　　損害賠償（交通事故による物損）請求事件

□少額訴訟による審理及び裁判を求めます。本年，この裁判所において少額訴訟による審理及び裁判を求めるのは　　回目です。

○○簡易裁判所　御　中　　　　平成○○年　○　月　○　日

訴状の作成日

原告（申立人）		〒000-0000 住　所（所在地） ○○県○○市○○町○丁目○番○号 氏　名（会社名・代表者名） 甲　野　太　郎　　　　印 TEL 000-000-0000　　FAX 000-000-0000
	送達場所等の届出	原告（申立人）に対する書類の送達は，次の場所に宛てて行ってください。 ☑上記住所等 □勤務先　名　称 〒 住　所 TEL　　－　　－ □その他の場所（原告等との関係　　　　） 〒 住　所 TEL　　－　　－
		□原告（申立人）に対する書類の送達は，次の人に宛てて行ってください。 氏　名
被告（相手方）1		〒000-0000 住　所（所在地） ○○県○○市○○町○丁目○番○号 氏　名（会社名・代表者名） 乙　山　二　郎 TEL 000-000-0000　　FAX 000-000-0000
		勤務先の名称及び住所　　被告２に同じ TEL　　－　　－
被告（相手方）2		〒000-0000 住　所（所在地） ○○県○○市○○町○丁目○番○号 氏　名（会社名・代表者名）○○○○株式会社 代表者　代表取締役　丙　田　三　郎 TEL 000-000-0000　　FAX 000-000-0000
		勤務先の名称及び住所 TEL　　－　　－

訴訟物の価額	円	取扱者
貼用印紙類	円	
予納郵便切手	円	
貼用印紙　裏面貼付のとおり		

あなたに対して裁判所から書類を送る場合にどこに宛てて送ってほしいか，希望する場所（送達場所）の□を✓点でチェックして届け出てください。以後あなたに対する書類はこの届出場所に宛ててお送りすることになります。

あなたの勤務先に書類を送ってほしい場合には，「勤務先」の□を✓点でチェックし，勤務先の名称とその住所を書いてください。

あなたの住所でも勤務先でもない場所（例えば，あなたのお父さんの家など）に書類を送ってほしい場合には，「その他の場所」の□を✓点でチェックし，「原告等との関係」の部分に「父の家」などとあなたとその場所の関係を書き，その住所を書いてください。

上記の届出場所においてあなたの代わりにあなた宛の書類を受け取るべき人（送達受取人）を届け出る場合には，この□を✓点でチェックし，その人の氏名を書いてください。この届出をすると，以後あなたに対する書類は送達受取人に宛ててお送りすることになります。

あなたの住所，氏名，電話やファクシミリがある場合にはその番号を書き，氏名の横にあなたの認め印を押してください。原告（申立人）が会社であるときは，会社の所在地，会社名，代表者の氏名，電話やファクシミリがある場合にはその番号を書いた上，代表者印を押してください。

被告（相手方）の住所，氏名，電話やファクシミリの番号が分かっている場合にはその番号を書いてください。被告（相手方）が会社であるときは，商業登記簿謄本又は登記事項証明書を見て，会社の所在地，会社名，代表者の氏名を書き，また，電話やファクシミリの番号が分かっている場合にはその番号を書いてください。

この欄は，簡易裁判所の窓口でお尋ねください。

被告（相手方）の勤務先の名称や住所，電話番号が分かっていれば，その範囲で書いてください。

被告（相手方）が１名のときは，「被告（相手方）１」欄に，被告（相手方）が２名のときは，「被告（相手方）１」及び「被告（相手方）２」欄にそれぞれ記入してください。

なお，相手車両の運転手及びその使用者（例えば，荷物を運送中のトラックの運転手と運送会社）の両方を被告（相手方）にするときは，運転者を「被告（相手方）１」欄に，使用者を「被告（相手方）２」にそれぞれ記入してください。

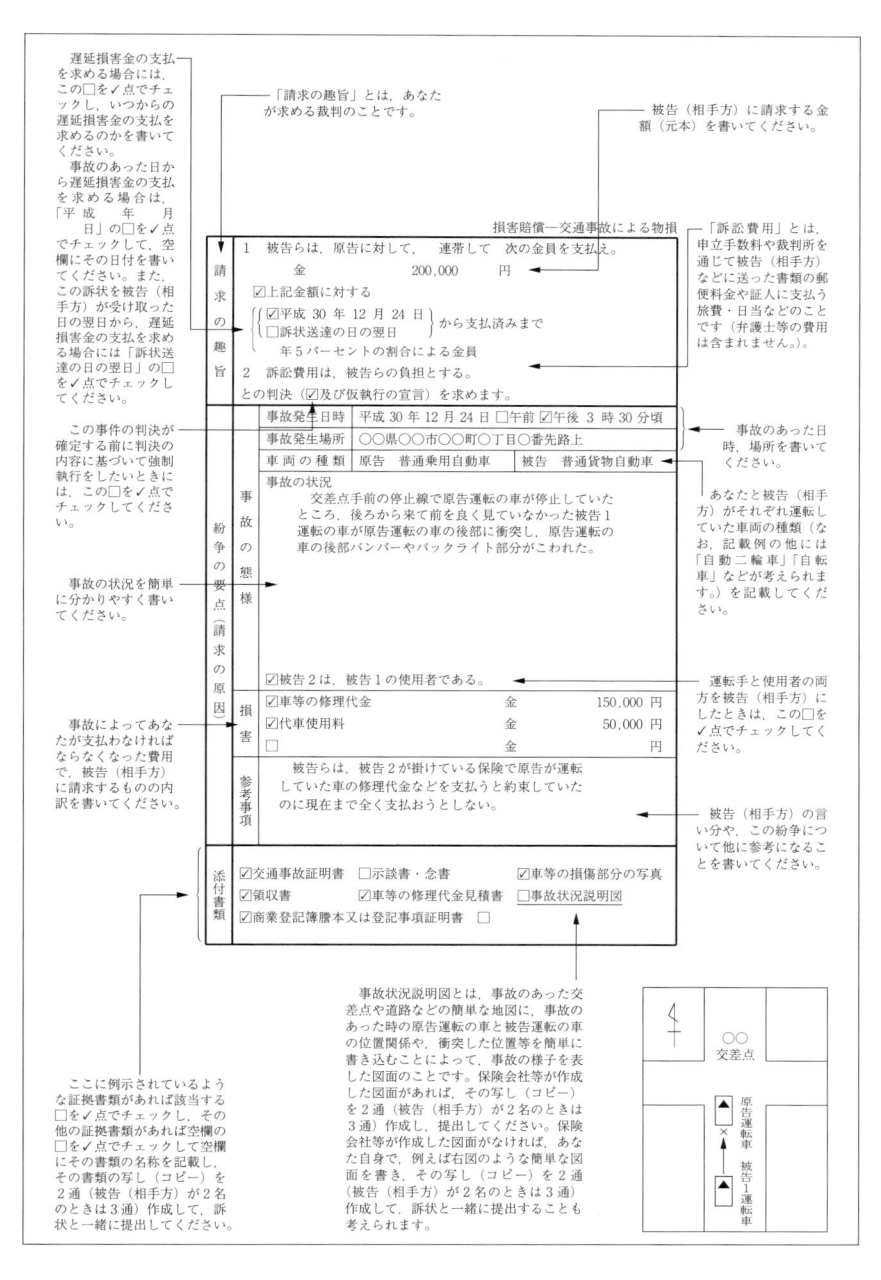

遅延損害金の支払を求める場合には，この□を✓点でチェックし，いつからの遅延損害金の支払を求めるのかを書いてください。

事故のあった日から遅延損害金の支払を求める場合は，「平成　年　月　日」の□を✓点でチェックして，空欄にその日付を書いてください。また，この訴状を被告（相手方）が受け取った日の翌日から，遅延損害金の支払を求める場合には「訴状送達の日の翌日」の□を✓点でチェックしてください。

「請求の趣旨」とは，あなたが求める裁判のことです。

被告（相手方）に請求する金額（元本）を書いてください。

「訴訟費用」とは，申立手数料や裁判所を通じて被告（相手方）などに送った書類の郵便料金や証人に支払う旅費・日当などのことです（弁護士等の費用は含まれません。）。

損害賠償―交通事故による物損

請求の趣旨

1　被告らは，原告に対して，　連帯して　次の金員を支払え。

　金　　200,000　　円

☑上記金額に対する

☑平成 30 年 12 月 24 日 ／ □訴状送達の日の翌日　から支払済みまで

　年5パーセントの割合による金員

2　訴訟費用は，被告らの負担とする。

との判決（☑及び仮執行の宣言）を求めます。

この事件の判決が確定する前に判決の内容に基づいて強制執行をしたいときには，この□を✓点でチェックしてください。

紛争の要点（請求の原因）

事故の態様		
事故発生日時	平成 30 年 12 月 24 日 □午前 ☑午後 3 時 30 分頃	
事故発生場所	○○県○○市○○町○丁目○番先路上	
車両の種類	原告　普通乗用自動車	被告　普通貨物自動車

事故の状況

　交差点手前の停止線で原告運転の車が停止していたところ，後ろから来て前を良く見ていなかった被告1運転の車が原告運転の車の後部に衝突し，原告運転の車の後部バンパーやバックライト部分がこわれた。

☑被告2は，被告1の使用者である。

事故のあった日時，場所を書いてください。

あなたと被告（相手方）がそれぞれ運転していた車両の種類（なお，記載例の他には「自動二輪車」「自転車」などが考えられます。）を記載してください。

事故の状況を簡単に分かりやすく書いてください。

運転手と使用者の両方を被告（相手方）にしたときは，この□を✓点でチェックしてください。

損害

☑車等の修理代金	金	150,000 円
☑代車使用料	金	50,000 円
□	金	円

事故によってあなたが支払わなければならなくなった費用で，被告（相手方）に請求するものの内訳を書いてください。

参考事項

　被告らは，被告2が掛けている保険で原告が運転していた車の修理代金などを支払うと約束していたのに現在まで全く支払おうとしない。

被告（相手方）の言い分や，この紛争について他に参考になることを書いてください。

添付書類

☑交通事故証明書　□示談書・念書　☑車等の損傷部分の写真
☑領収書　☑車等の修理代金見積書　□事故状況説明図
☑商業登記簿謄本又は登記事項証明書　□

ここに例示されているような証拠書類があれば該当する□を✓点でチェックし，その他の証拠書類があれば空欄の□を✓点でチェックして空欄にその書類の名称を記載し，その書類の写し（コピー）を2通（被告（相手方）が2名のときは3通）作成して，訴状と一緒に提出してください。

事故状況説明図とは，事故のあった交差点や道路などの簡単な地図に，事故のあった時の原告運転の車と被告運転の車の位置関係や，衝突した位置等を簡単に書き込むことによって，事故の様子を表した図面のことです。保険会社等が作成した図面があれば，その写し（コピー）を2通（被告（相手方）が2名のときは3通）作成し，提出してください。保険会社等が作成した図面がなければ，あなた自身で，例えば右図のような簡単な図面を書き，その写し（コピー）を2通（被告（相手方）が2名のときは3通）作成して，訴状と一緒に提出することも考えられます。

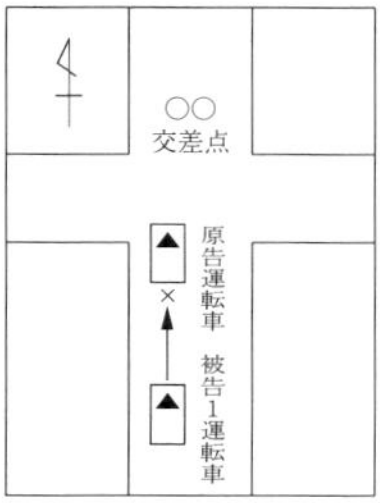

(7) 送達場所の届出

当事者、法定代理人または訴訟代理人は、送達を受けるべき場所を書面で届け出る必要がある（法104条１項、規則41条１項）。送達場所の届出は、原告の場合は訴状で（【書式１】⑱参照）、被告の場合は 答弁書や督促異議申立書に記載してされるのが通例である（規則41条２項）。ここでは、参考として、送達場所の届出だけをする場合の書式例をあげることとする。

【書式９】 送達場所等の届出書

平成　　年(　)第　　　　号

送達場所等の届出

平成　　年　　月　　日

氏名

印

送達場所の届出

この事件について私に対する書類は，次の場所あてに送ってください。

〒□□□－□□□□

都　道　　　　　郡　区

府　県　　　　　市

この場所は私の（一つ選ぶ）

□住所

□勤務先

□その他（詳しく記入）＿＿＿＿＿＿＿＿＿＿＿＿＿＿です。

（以下希望者のみ送達受取人を届け出ることができますが，送達場所が住所または勤め先でない方は必ず届け出てください。）

送達受取人の届出

また私に対する書類のあて名（氏名）は＿＿＿＿＿＿＿＿あてにしてください。

※この送達受取人を届け出ると貴方の代わりにその人をあて名にして裁判所からの書類を送ります。従って受取人が書類を受け取ると貴方が書類を受け取ったことになりますのでご注意ください。

簡易裁判所民事第　　室　　係御中

4　管　轄

ある事件について、全国に設置されている裁判所（最高裁判所、高等裁判所、地方裁判所、家庭裁判所、そして簡易裁判所）のうちのどの裁判所で裁判できるかということが管轄の問題であり、ある事件の裁判をできる裁判所を**管轄裁判所**という。管轄については、民事訴訟法その他の法律が規定している。管轄は、分類する基準によって、いくつかに分けられるが、種類としては、職分管轄、事物管轄、土地管轄、法定管轄、指定管轄、合意管轄、応訴管轄、専属管轄、任意管轄がある。ある管轄裁判所が複数の種類の管轄を有する場合がありうる。

⑴　職分管轄

判決裁判所や執行裁判所の管轄の区別（民執法３条）、少額訴訟手続（法368条）や訴え提起前の和解手続（法275条）などが簡易裁判所の管轄に属すること、第１審裁判所として簡易裁判所と地方裁判所があること（裁判所法24条１号・33条１号）など、手続の性質ごとに、それぞれの裁判所の機能に応じて定められる管轄である。職分管轄は、公益にかかわるものなので法定管轄であり専属管轄である。

⑵　事物管轄

第１審裁判所としての簡易裁判所と地方裁判所の管轄の分担を事物管轄という。裁判所法33条１項１号により、**訴訟の目的の価額（訴額）**が140万円を超えない請求については簡易裁判所に、それ以外の請求は地方裁判所に管轄がある。この基準内の訴額の不動産に関する訴訟の第１審は地方裁判所も管轄を有する（裁判所法24条１号）。

訴額が決まれば訴え提起の手数料の額も決まる（民訴費用法３条・４条）。訴額は訴えで主張する利益によって算定する（法８条１項）。この手数料額については後述する。

非財産上の請求および財産上の請求であっても訴額の算定が極めて困難な場合（帳簿閲覧請求などが判例にみられる）には、その訴額は140万円を超えるものとみなされる（法８条２項）ので、地方裁判所の管轄になる。

１個の訴えで数個の請求をする場合には、各請求の価額を合算したものが訴額となる（法９条１項）。ただし、主張する利益が各請求について共通する場合にはその共通する限度で合算しないことになる（同項ただし書）。また、果実、損害賠償、違約金または費用の請求が、その訴訟における付帯請求となる場合には、その価額は訴額に算入しない（同条２項）。

(3)　土地管轄

日本全国で、高等裁判所は８カ所、地方裁判所は50カ所、簡易裁判所は438カ所設置されているが、このうち同種の第１審裁判所の分担を、どの場所の裁判所にするかを決めるのが土地管轄の問題である。各裁判所の管轄区域は「下級裁判所の設立及び管轄区域に関する法律」で決められている。法４条ないし７条は、事件と、関係するある地点（**裁判籍**）の裁判所とを関連づけて規定する。この規定によれば、特定の人によって一般的に定まる**普通裁判籍**（法４条）と、特定の種類または範囲の請求によって定まる**特別裁判籍**（法５条ないし７条）に分けられる。

【設問１】　次の場合の管轄裁判所はどこにあるか

原告の住所　札幌市
被告の住所　大阪市
紛争の内容　東京都内（23区内）で、被告運転の自動車と原告運転の自動車が衝突して原告に50万円の修理代相当損害金を負わせた。

よって、被告に対する50万円の支払いを求める。

事物管轄　簡易裁判所（裁判所法33条１項１号）

土地管轄　１　大阪簡易裁判所（法４条１項）→被告の住所

２　札幌簡易裁判所（法５条１号、民法709条・484条）→義務履行地

３　東京簡易裁判所（法５条９号、民法709条）→不法行為地

原告は、１ないし３のいずれの簡易裁判所にも訴え提起ができる。

なお、簡易裁判所の事物管轄となる訴えが、地方裁判所に提起された場合、地方裁判所は、相当と認めるときは、当事者の申立てまたは職権で自ら審理および裁判することができる（法16条２項）。

【設問２】　次の場合の管轄裁判所はどこにあるか

原告Ａの住所　東京都豊島区

原告Ｂの住所　東京都立川市

被告の住所　　神奈川県小田原市

紛争の内容　　原告らは、静岡県三島市にある土地（評価額30万円）を共有している。被告は、同土地を占有している。被告は、原告らが明渡しを求めた際、原告らにそれぞれ傷害を負わせた。よって、被告に対する同土地の明渡しと、治療費相当損害金として、原告Ａにつき３万円、原告Ｂにつき５万円の支払いを求める。

事物管轄　簡易裁判所および地方裁判所（裁判所法33条１項１号・24条１号（不動産に関する訴訟））

土地管轄　１　横浜地方裁判所小田原支部（法４条１項）→被告の住所

２　小田原簡易裁判所（同上）

3　東京地方裁判所（法５条１号・７条・38条前段、民法709条・484条）→義務履行地

4　東京簡易裁判所（同上）

5　東京地方裁判所立川支部（同上）

6　立川簡易裁判所（同上）

7　静岡地方裁判所沼津支部（法５条12号）→不動産の所在地

8　三島簡易裁判所（同上）

原告らは、１ないし８のいずれの裁判所にも訴えを提起することができる。なお、法７条ただし書が法38条前段の場合に限り**併合請求の裁判籍**を認めている点に注意を要する。

⑷　管轄の変更

法定管轄については、当事者の合意等で変更できるもの（任意管轄）と、できないもの（専属管轄）がある。事物管轄と第１審の土地管轄は任意管轄なので変更が可能である。

⒜　合意管轄

当事者間の書面による一定の法律関係に基づく訴えに関する合意によって、本来の土地管轄とは別の管轄裁判所を定めることができる（法11条）。信販関係事件において、信販会社から提出される契約書の約款に、「購入者及び連帯保証人は、本契約について紛争が生じた場合、訴額のいかんにかかわらず、購入者及び連帯保証人の住所地、購入地及び会社の本社、各支店、営業所を管轄する簡易裁判所を管轄裁判所とすることに同意するものとします」などという文言が印刷されているが、これが合意管轄を定めた条項である。この約款によれば、「訴額のいかんにかかわらず」「（原告の本店、支店および営業所の所在地を管轄する）簡易裁判所を管轄裁判所とする」としているので、**専属的合意**と解される。旧民事訴訟法においては、専属的合意は法令上の専属管轄の定めと同一の効力を有すると解されていたが、現行民事訴訟法では、法定管轄を排除する専属管轄は法令に定めのある場合に限定されており（法13条）、法20条かっこ書により法11条による合意で定めたものを除外してい

るので、このような専属的合意があっても法17条ないし19条により**移送**が可能である。

(B) 応訴管轄

原告が事物管轄または土地管轄の定めに反する裁判所に訴えを提起した場合（管轄の合意に反する場合も含む）には、管轄違いであれば、申立てまたは職権で管轄裁判所に移送される（法16条１項）。しかし、被告が第１審裁判所において管轄違いの抗弁を提出しないで本案について弁論をし、または弁論準備期日において申述をしたときは、専属管轄の定めがなければ、その裁判所に管轄が生じる（法12条）。

ただし、被告が事実や理由を付すことなく単に「『原告の請求を棄却する』との判決を求める」との陳述をしたにとどまり、期日の続行を求めた場合には、本案について弁論をしたとは解されないとの判例がある。また、被告が単に本案に関する事項を記載した準備書面を提出しただけでは本案について弁論したとは解されない。したがって、擬制陳述の場合には、応訴管轄が生じないことになる。

実務ノート――訴えの変更と管轄

当事者が訴えの変更をしたときは、原則として、訴え変更の時を標準として管轄を定めることになる。したがって、たとえば、簡易裁判所に係属している事件について、100万円の請求を200万円に拡張した場合のように、当初の請求額が簡易裁判所の事物管轄内であっても、請求を拡張した結果、地方裁判所の事物管轄となる場合には、地方裁判所に移送せざるを得ないことになる。もっとも、このような場合でも、応訴管轄の適用があるので、被告が本案について答弁してしまえば、管轄違いの主張もできなくなる。

5　管轄に関する調査と移送

(1)　原　則

管轄は、訴え提起の時点を基準に定められる（法15条）。訴えの提起を受けた裁判所（受訴裁判所）は、管轄の有無に疑いがあれば職権で証拠調べをすることができる（法14条）。管轄は裁判所の**職権調査事項**であり、資料の収集について**職権探知主義**を採用している（75頁以下参照）。

そして、その結果、管轄違いであることが判明すれば、当事者の申立てまたは職権により管轄裁判所への移送決定をすることになる（法16条）。

管轄が認められる場合であっても、裁判所は、①訴訟の著しい遅滞を避け、または②当事者間の衡平を図る必要があると認めるときは、申立てまたは職権で訴訟を他の管轄裁判所に移送することができる（法17条）。①は、原告および被告が遠方に居住している場合の訴訟で、訴訟経済上、多くの証拠調べを予定している地の裁判所に移送するような事例が考えられる。②は、信販会社の本店所在地等の裁判所に訴えが提起されたが、被告の住所から遠方で、被告の応訴に経済的・時間的困難が伴うような事例である。旧民事訴訟法31条では、②の場合、「著キ損害」を避けるためという要件があったが、これが現行法では緩和された。

また、当事者の申立ておよび相手方の同意があるときには、訴訟の全部または一部を申立てにかかる地方裁判所または簡易裁判所に移送しなければならない（法19条１項）。そして、移送を受けた裁判所は、移送決定に拘束される（法22条。羈束力）。

● *Check Point*――裁量移送と羈束力 ●

法19条１項に基づく移送を受けた簡易裁判所が、地方裁判所に裁量移送（法18条）することは、移送の理由が異なるので、羈束力に触れないと考えられる。

(2)　簡易裁判所の特則

簡易裁判所に提起された訴えの場合には、以上に加えて、次の特則がある。

(A)　不動産訴訟の地方裁判所への必要的移送（法19条２項）

簡易裁判所は、不動産に関する訴訟につき被告の申立てがあるときは、訴訟の全部または一部をその所在地を管轄する地方裁判所に移送しなければならない。不動産訴訟の複雑困難性からの特則である。

(B)　反訴の提起に基づく必要的移送（法274条）

被告が反訴で地方裁判所の管轄に属する請求をした場合において、相手方（本訴原告）の申立てがあるときは、本訴および反訴を地方裁判所に移送しなければならない。

(C)　裁量移送（法18条）

簡易裁判所が相当と認めるときは、申立てまたは職権で訴訟の全部または一部をその所在地を管轄する地方裁判所に移送することができる。複雑困難な事件の審理を地方裁判所に任せて、簡易裁判所の本来の機能を果たさせることが法の趣旨であると解される。

なお、司法書士代理の事件については、地方裁判所への移送により、以後の訴訟手続についての代理権が消滅するので留意されたい。

● *Check Point*――裁量移送とされうる事件 ●

裁量移送が予想される事件としては、次のような類型が考えられる。

ⅰ　憲法問題を含んでいる事件

ⅱ　国家賠償請求事件

ⅲ　不動産関係事件や労働関係事件などで、事案が複雑困難であったり、審理期間が長期化することが予想される事件

● *Check Point*――移送手続のポイント ●

Ⅰ　管轄違いの場合の移送（法16条１項）

ⅰ　管轄裁判所への移送である。

ⅱ　申立てまたは職権による。申立ては、期日においてする場合を除き、書面でしなければならない（規則７条１項）。

ⅲ　（申立ての相手方への意見聴取の規定なし）

ⅳ　不服申立て――決定の告知を受けた日から１週間以内に即時抗告が可能である。

Ⅱ　遅滞を避ける等のための移送（法17条）

ⓘ　他の管轄裁判所への移送である。

ⓘⓘ　申立てまたは職権による。

ⓘⓘⓘ　申立てによる場合は、裁判所は相手方の意見を聴いて決定する（規則8条1項)。職権による場合は、裁判所は当事者の意見を聴くことができる（同条2項)。聴くことができるとなっているが、実務上は、意見を聴取するのが通例である。

ⓘⓥ　不服申立て——決定の告知を受けた日から1週間以内に即時抗告が可能である。

Ⅲ　簡易裁判所の裁量移送（法18条）

ⓘ　当該簡易裁判所の所在地を管轄する地方裁判所への移送である。

ⓘⓘ　申立てまたは職権による。

ⓘⓘⓘ　申立てによる場合は、裁判所は相手方の意見を聴いて決定する（規則8条1項)。職権による場合は、裁判所は当事者の意見を聴くことができる（同条2項)。聴くことができるとなっているが、実務上は、意見を聴取するのが通例である。

ⓘⓥ　不服申立て——決定の告知を受けた日から1週間以内に即時抗告が可能である。

Ⅳ　当事者の申立ておよび相手方の同意に基づく移送（法19条1項）

ⓘ　申立てに係る地方裁判所または簡易裁判所への移送である。簡易裁判所からその所在地を管轄する地方裁判所への移送だけでなく、簡易裁判所から他の簡易裁判所へ、簡易裁判所からその所在地を管轄する地方裁判所以外の地方裁判所への移送も可能である。

ⓘⓘ　申立ておよび相手方の同意による。

ⓘⓘⓘ　この場合の移送は必要的なものである。ただし、移送によって著しく訴訟手続を遅滞させることとなるとき等の例外もある。

当初の移送申立てが法16条ないし18条に基づくものであったとしても、相手方が同意した場合には、法19条1項による移送になるものと解されている。

ⓘⓥ　不服申立て——決定の告知を受けた日から1週間以内に即時抗告が可能である。

Ⅴ　不動産訴訟の地方裁判所への移送（法19条2項）

ⓘ　当該簡易裁判所の所在地を管轄する地方裁判所への移送である。

ⅱ　被告の申立てによる。

ⅲ　この場合の移送は必要的なものである。ただし、被告が本案について弁論をした場合には、申立権を失うことになる。

ⅳ　不服申立て——決定の告知を受けた日から１週間以内に即時抗告が可能である。

Ⅵ　反訴の提起による移送（法274条１項）

ⅰ　地方裁判所への移送である。本訴および反訴ともに地方裁判所に移送する。

ⅱ　反訴被告（本訴原告）の申立てによる。被告が反訴で地方裁判所の管轄に属する請求をした場合であるから、被告が訴額140万円を超える反訴を提起するかもしくは非財産権上の請求を反訴でした場合である。

仮に、反訴事件の訴額が140万円を超える事件で、反訴被告から移送の申立てがされない場合には、事案の内容によって職権による裁量移送がされることも考えられる。

ⅲ　この場合の移送は、必要的なものである。

ⅳ　この移送決定に対しては不服申立てができない（法274条２項）。ただし、ここで不服申立てができないのは、当該簡易裁判所の所在地を管轄する地方裁判所に移送される場合に限られ、他の地方裁判所に移送されたときは即時抗告が可能であると解されている。

6　訴え提起の手数料

手数料とは民事訴訟手続の利用者が国に支払うべき料金であり、①**申立手数料**（申立てにより直ちに納付義務が生ずるもの（民訴費用法３条、同別表第１））と、②**行為手数料**（申立てどおりの裁判所の行為がされたことによって納付義務が生ずるもの（民訴費用法７条、同別表第２））がある。

訴えを提起する場合には、原告は、手数料に相当する収入印紙を訴状に貼付して納付しなければならない（民訴費用法３条・８条）。手数料を納めない場合には不適法な訴えとして、補正命令（印紙納付命令）・訴状却下（法137条１項・２項）の対象となる。

訴状の提出等

訴え提起の手数料の算出は次のように行われる。

① 訴え提起の手数料は、**訴訟の目的の価額**（**訴額**）に応じて定められている（民訴費用法４条１項、同別表第１）。訴額は**訴えで主張する利益**による（法８条１項）。訴えで主張する利益とは、その訴訟物についての請求が全部認められ、請求の内容が実現したときの経済的利益であり、**金銭として評価**する方法による。

② 訴訟上の請求には、経済的利益を目的としないもの（婚姻関係事件など人事訴訟法の定めるものなど）もある。これを、**非財産上の請求**と呼んで、**財産上の請求**と区別している（民訴費用法４条２項参照）。この非財産上の請求と、財産上の請求であっても訴額の算定が極めて困難な場合の訴額については、140万円を超えるものとみなすことにしているが（法８条２項）、これらの場合の訴額は、いずれも160万円とみなすことにしている（**みなし訴額**。民訴費用法４条２項）。

③ 訴額の算定にあたっては、裁判長（訴訟係属後においては裁判所）が、訴え提起の時を基準に（法15条参照）認定する。訴額の算定は裁判長または裁判所の裁量によるが、「訴訟物の価額の算定基準について」（昭和31・12・12民甲第412号最高裁判所事務総局民事局長通知）によって訴額算定基準が示されているので、これに沿った実務の運用がなされている。訴状提出の際、訴額算定に疑問のある場合には、受付窓口の担当者に確認することが相当であろう。

実務ノート――訴訟の目的の価額の算定基準

（昭31・12・12最高裁民事甲第412号民事局長通知、昭39・６・18最高裁民２第389号民事局長通知）

種別	訴訟の目的の価額	備考
所有権	目的たる物の価格	①物の価格とは、地方税法349条の規定による基準年度の価格
占有権	目的たる物の価格の$\frac{1}{3}$	

<table>
<tr><td colspan="2">地上権
永小作権
賃借権</td><td colspan="2">目的たる物の価格の$\frac{1}{2}$</td></tr>
<tr><td colspan="2">地役権</td><td colspan="2">承役地の物の価格の$\frac{1}{3}$</td></tr>
<tr><td rowspan="2">担保物権</td><td>優先順位の担保物権がない場合</td><td rowspan="2">被担保債権の金額</td><td>目的たる物の価格が被担保債権の金額に達しないときは物の価格</td></tr>
<tr><td>優先順位の担保物権がある場合</td><td>目的たる物の価格に優先順位の担保物権を考慮して修正を加えた金額が被担保債権の金額に達しないときはその修正金額</td></tr>
<tr><td colspan="2">金銭支払請求権</td><td colspan="2">請求金額
ただし、将来の給付を求めるものは、請求金額から中間利息を控除した金額</td></tr>
<tr><td rowspan="4">物の引渡（明渡）請求権</td><td>所有権に基づく場合</td><td colspan="2">目的たる物の価格の$\frac{1}{2}$</td></tr>
<tr><td>占有権に基づく場合</td><td colspan="2">目的たる物の価格の$\frac{1}{3}$</td></tr>
<tr><td>地上権・永小作権・賃借権に基づく場合</td><td colspan="2">目的たる物の価格の$\frac{1}{2}$</td></tr>
<tr><td>賃貸借契約の解除等による場合</td><td colspan="2">目的たる物の価格の$\frac{1}{2}$</td></tr>
<tr><td colspan="2">所有権移転登記請求権</td><td colspan="2">目的たる物の価格</td></tr>
<tr><td colspan="2">詐害行為取消</td><td colspan="2">原告の債権の金額</td></tr>
</table>

のあるものについては、その価格とし、その他のものについては取引価格とする。

②上訴の場合は、不服を申し出た限度で訴訟物の価額を算定する。附帯上訴の場合も、同様とする。

③会社設立無効、株主総会の決議の取消・無効確認等の訴えは、財産権上の請求でない訴えとして取り扱う。

訴状の提出等

	ただし、取り消される法律行為の目的の価格が原告の債権の金額に達しないときは、法律行為の目的の価格	
境　界　確　定	係争地域の物の価格	

(注)　この基準は、参考資料であって、訴訟の目的の価額に争いがあるとき等の基準にはならない。

なお、土地についての目的の価格は、平成6年度の評価替えにより、平成6年4月1日から当分の間、固定資産評価額に2分の1を乗じて得た金額を基準とすることになっている（平6・3・28最高裁民2第79号民事局長通知）

実務ノート――訴額に関する若干の留意事項

ⅰ　貸金請求は元本が訴額となる。利息と遅延損害金は、訴額には含まれない。主債務者と連帯保証人のように、複数の被告に1通の訴状で請求する場合には、同じ内容の請求であれば合算する必要はない。

ⅱ　給料支払請求、敷金返還請求、損害賠償請求は、いずれも被告に請求する金額が訴額となる。利息や遅延損害金は含まれない。また、複数の被告に1通の訴状で請求する場合には、同じ内容の請求であれば合算する必要はない。

ⅲ　建物明渡請求の訴えを起こす場合の訴額は、当該建物の価額（物件所在地を管轄する市町村で発行する固定資産課税台帳登録証明書の評価額による）の2分の1の額となる。建物の明渡しとともに、明渡しを受けるまでの賃料相当の損害金を請求する場合は、その損害金は訴額に算入されない。

実務ノート――申立手数料額・行為手数料

申立手数料額一覧表

（円）

訴　額	～10万	～20万	～30万	～40万	～50万	～60万	～70万	～80万	～90万
手数料	1000	2000	3000	4000	5000	6000	7000	8000	9000

訴　額	～100万	～120万	～140万
手数料	1万	1万1000	1万2000

行為手数料一覧表

1　記録の閲覧、謄写または複製（事件の係属中に当事者等が請求するものを除く）	1件につき150円
2　記録の正本、謄本または抄本の交付	用紙1枚につき150円 （半面記載のものも1枚と数える）
3　事件に関する事項の証明書の交付	1件につき150円（記録の写しについて原本の記載と相違ない旨の証明に係るものについては、原本10枚までごとに150円）
4　執行文の付与	1通につき300円 （正本の提出がない場合には、「2」の手数料も必要となる）

第3章

口頭弁論

第3章で扱う手続の流れ

口頭弁論期日の指定

速やかに指定する必要がある（法139条、規則60条）

参考事項の聴取

訴訟進行に関する参考事項の聴取（規則61条）

原告 被告 書記官を通じて訴訟進行に関する意見や参考事項について聴取を受ける。

訴状の送達

訴状は被告に送達しなければならない（法138条）
↓
訴訟係属

※送達（法98条～113条）

原告 被告の住所・居所・就業場所などを調査する。

被告 答弁書提出（法161条、規則79条・80条）
　口頭弁論期日より前に提出できるように準備する。
　必要に応じて書証も添付する。

最初の口頭弁論期日

原告の弁論		被告の弁論
1　請求の趣旨	←	1　訴え却下を求める or請求棄却を求める or認諾
2　請求の原因	←	2　認　否 否認（積極否認） 不知（法159条2項）

原告 訴状陳述。

被告 1　すべて認めて認諾する（法266条）。
or
2　請求棄却を求めるが、事実は認める。
or
3　請求棄却を求め

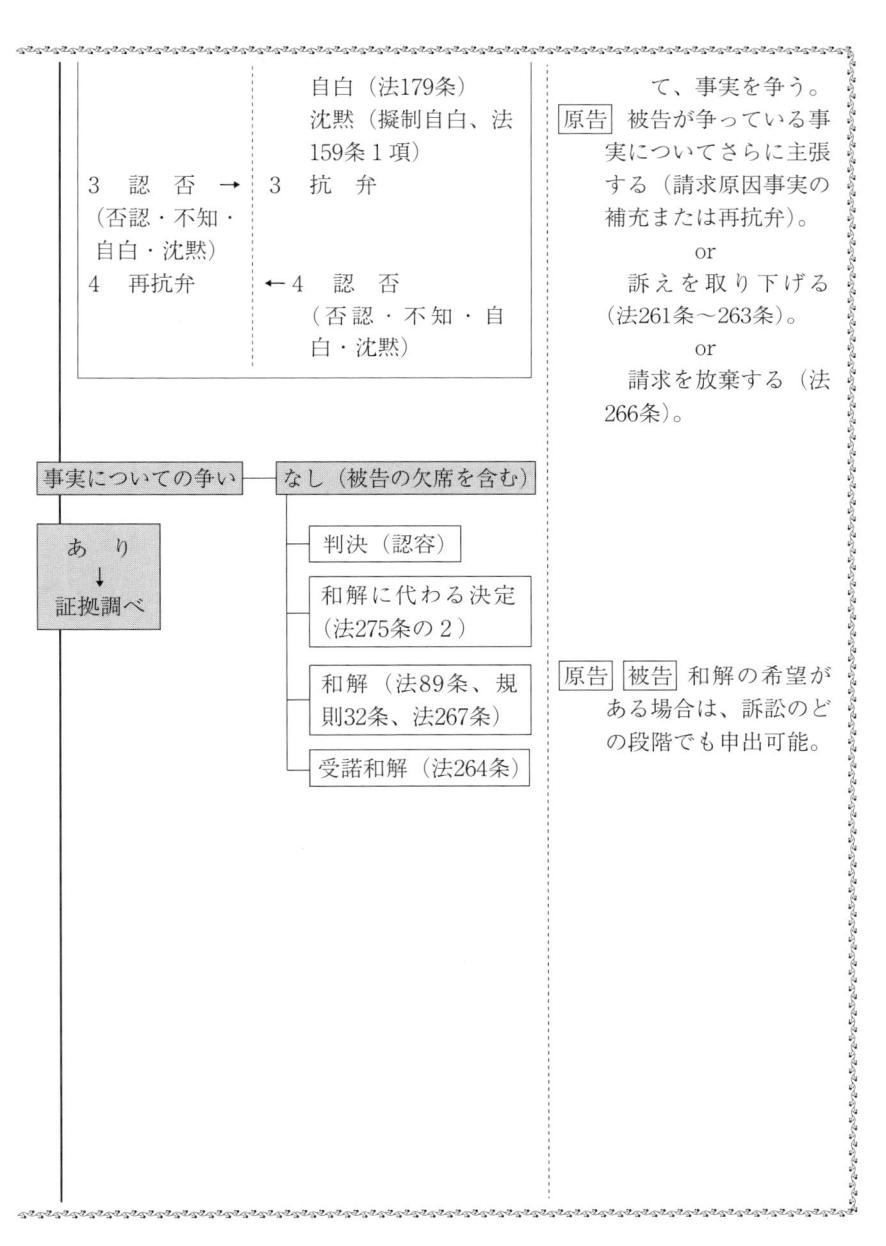

	自白（法179条） 沈黙（擬制自白、法159条１項）	て、事実を争う。
３　認　否　→ （否認・不知・自白・沈黙）	３　抗　弁	原告　被告が争っている事実についてさらに主張する（請求原因事実の補充または再抗弁）。 or 訴えを取り下げる（法261条～263条）。 or 請求を放棄する（法266条）。
４　再抗弁	←４　認　否 （否認・不知・自白・沈黙）	

事実についての争い ── なし（被告の欠席を含む）
- 判決（認容）
- 和解に代わる決定（法275条の２）
- 和解（法89条、規則32条、法267条）
- 受諾和解（法264条）

あり
↓
証拠調べ

原告　被告　和解の希望がある場合は、訴訟のどの段階でも申出可能。

口頭弁論

1　最初の口頭弁論期日の準備

(1)　口頭弁論期日の指定および呼出し

訴状が受理されると、それぞれの訴状ごとに事件番号（簡易裁判所の通常訴訟事件は(ハ)、同手形訴訟は（手ハ）など）が付され（これらの訴訟を**事件**という（法87条1項ただし書参照））、口頭弁論期日が指定される（法139条、規則60条）。

口頭弁論期日が指定されると、貸金業関係事件や信販関係事件などのいわゆる**消費者信用関係事件**（**業者事件**）や、訴訟代理人が付いている事件の原告に対しては、簡易の呼出し（法94条1項）または期日請書（同条2項ただし書）を受領する方法で告知する例も多い。それ以外の個人間の事件（**市民紛争型事件**）の場合には、原則として期日呼出状の送達によることになる。

被告に対しては、訴状副本とともに期日呼出状を送達する（法139条、規則58条1項）。

期日請書を提出した、または呼出状の送達を受けた当事者が口頭弁論期日に欠席した場合には、法律上の制裁その他期日の不遵守による不利益を避けられない（法94条2項。87頁以下参照）。

なお、被告に訴状が送達されたときに**訴訟係属**が生じると解されている。訴訟係属が生じると、その事件と同一性がある事件について重ねて訴えを提起することができなくなる（法142条）。これを**二重起訴の禁止**（重複起訴の禁止）といい、二重起訴と判断されると、原則として後訴は不適法として却下される。

【書式10】　期日請書

平成○○年(ハ)第○○号　○○請求事件
原　告　　○　○　○　○
被　告　　○　○　○　○

口頭弁論期日請書

平成○○年○○月○○日

○○簡易裁判所　御中

原　告　　○　○　○　○　㊞

頭書の事件について，口頭弁論期日を平成○○年○○月○○日午前○○時○○分と指定告知されましたので，同日時に出頭します。

(2)　参考事項の聴取（規則61条）

簡易裁判所に係属するすべての裁判が同一の経過をたどって同一の結論になるわけではない。原告の主張する事実について争いがある場合も、ない場合もある。争いがなくて被告が欠席する場合もあれば、出頭して和解の希望を述べることもある。被告の応訴の仕方や原告の考え方によって、裁判はそれぞれ審理の進め方が異なることになる。事実に争いがある場合には、審理の早い段階から書証の取調べや証人尋問等の証拠調べをして事件の全貌を把握することが迅速な解決に資する場合が多いであろうし、被告として争う部分があるものの早期解決を望んで和解を希望するという場合には当面証拠調べは必要ないことになる。

したがって、被告の出頭の可能性、事実に対する争いの有無や和解の希望等を、当事者や裁判所があらかじめ承知していれば、それぞれの立場で十分な準備をして裁判に臨むことができ、結果として適正・迅速な裁判が実現されることになろう。また、裁判所が審理計画を立てる際、第1回口頭弁論期日を主張整理までとするか、それとも証拠調べまで入るか等、法廷における各事件の時間の割り振りにも影響を与えることになる。

そこで、裁判所は、口頭弁論期日を指定する際には、できるだけ正確な情報を入手し、当該事件がどのような経過をたどるのか、ある程度の予想を立てることが大切となる。

そのために行われているのが、まず**原告からの参考事項の聴取**である。聴取内容は、一般的には、被告に対する訴状副本等の送達の可能性、事実に争いがあるか否か、被告との事前交渉の有無と交渉内容、原告・被告間の関係はどのようなものか（親族関係か、交通事故の当事者同士か、感情的に激しく対立しているかなど）、和解の希望の有無、証人申請の予定などである。これら調査事項は、事件の類型や個々の事件の内容等によって変わることになる。

被告に対しては、訴状副本等を送達する際に、定型の答弁書用紙を同封するが、後日被告から提出された答弁書の記載内容などから、必要に応じて事件の進行に参考となる事情を聴取することになる。実務上は、被告が分割払いを希望しているような場合には、さらに進んで、希望の分割金額や期間を聴取するなどし、事前に原告と調整することによって、第１回口頭弁論期日において直ちに和解が成立できるような運用が行われている。

なお、答弁書の副本は、本来被告自身が原告に直送しなければならない（規則83条１項）とされているが、実務上は、被告の負担も考慮して、裁判所に原告分もあわせて提出してもらい、裁判所から原告に対して送達をする扱いである。

(3)　送　達

(A)　送達の意義

訴状副本が被告に送達（法138条）されると**訴訟係属**が生じ、二重起訴の禁止や、裁判籍の発生（法47条・145条・146条）などの効果が生じる。また、判決正本の送達（法255条）によって、上訴期間が進行する（法285条・313条）。このように、訴訟上のある書類を受け取ることによって、重要な法律効果が生じることになる場合があるので、名あて人に対してその書類を確実に受領させ、受領した旨を記録上明確にしておく必要がある。このような裁判所の行う通知行為（訴訟行為）を**送達**という。送達は、原則として当事者の申立てによらずに、裁判所が職権で行う（職権送達主義。法98条１項）。

(B)　送達機関

送達に関する事務は、**裁判所書記官**が行う（法98条２項）。裁判所書記官が、送達実施機関である執行官または郵便業務に従事する者に対して（法99条）、また、裁判所書記官自ら（法100条）が送達実施機関として送達事務を行う。

これらの送達事務は公証行為を伴う。送達の事実を明らかにして手続の適法性を担保するためである。郵便による送達（**特別送達**。郵便法66条）の場合には郵便業務に従事する者が、**執行官送達**の場合には執行官が、書留郵便に付する送達（**付郵便送達**。法107条）、**公示送達**（法110条）および法100条による**交付送達**の場合には裁判所書記官が、それぞれ**送達報告書**を作成して送達の結果を公証することになる（法109条）。

(C) 送達すべき書類

送達すべき書類は、原則として当該書類の謄本または副本による。特別の規定があれば正本が用いられる（規則40条）。また、裁判所書記官の作成する調書の謄本または抄本によることもある。

副本送達によるものの例としては、訴状（法138条1項、規則58条1項）のほか、訴訟告知書（規則22条1項）、反訴状（規則59条）、上訴状（法289条1項、規則179条、法313条、規則186条など）などである。**正本送達**によるものの例としては、判決書（法255条）、判決書に代わる調書（法255条1項、規則159条2項）、更正決定書（規則160条1項）などである。また、期日呼出状（法94条1項）、上告提起通知書（規則189条1項）などのように**原本を送達**する場合もある。

(D) 受送達者

送達を受けるべき者（**送達名あて人**。法101条・103条など）および、**補充送達**を受領する資格を有する者（たとえば送達名あて人の同居者など）のことを**受送達者**という。送達名あて人は、当事者本人、法定代理人（法102条1項）、訴訟代理人、送達受取人（法104条1項後段）などである。

(E) 送達方法

(a) 交付送達

送達は、送達名あて人に対して送達書類を直接交付して送達する方法（**交付送達**）が原則である（法101条）。交付送達には、①送達名あて人と出会った場所で行う**出会送達**（法105条前段）、②ⓐ送達場所で送達名あて人に出会わないときに、その使用人その他の従業員または同居者で、書類の受領につ

口頭弁論

いて相当のわきまえのある者に対して書類を交付したり（法106条1項）、ⓑ就業場所を送達場所とする場合に、送達名あて人の使用者等またはその法定代理人もしくは従業者等に対して書類を交付する**補充送達**（同条2項）、③送達名あて人または就業場所以外の場所で補充送達受領資格者が、正当な理由なく受領を拒否した場合に、送達書類をその場に差し置くことにより行う**差置送達**（同条3項）がある。

(b)　付郵便送達

交付送達ができない場合に、裁判所書記官が送達書類を送達名あて人の就業場所以外の送達場所にあてて書留郵便で行う送達である。この場合には、書留郵便を発送したときに送達が完了したものと認められる（法107条3項）。

(c)　公示送達

法110条1項の事由がある場合に、申立てにより、裁判所書記官が送達書類を保管し、いつでも送達を受けるべき者に交付する旨を裁判所の掲示場に掲示することによって行う送達である（法111条）。

公示送達の効力は、掲示の日から2週間（外国にいる者に対しては6週間（法112条2項））を経過することによって生ずる（同条1項本文）。

なお、公示送達は、私法上の意思表示の方法としても用いられる（法113条、民法98条）。

公示送達の方法によるかどうかを決するのは裁判所書記官の判断によるが（法110条1項本文）、訴訟の遅滞を避けるために必要なときは、裁判所の職権で、裁判所書記官に命じて公示送達を行うことができる（同条2項）。

実務ノート――送達フローチャート

ここで、参考までに、被告への訴状の送達に関するフローチャートと送達に関する上申書等の書式例をあげることとする。これらは、近藤基＝須永里子「簡裁民事訴訟事件における送達事務の概要」市民と法23号52頁から抜粋したものであるので、具体的な留意事項等は、上記文献を参照されたい。

〈図２〉　被告への訴状の送達に関するフローチャート

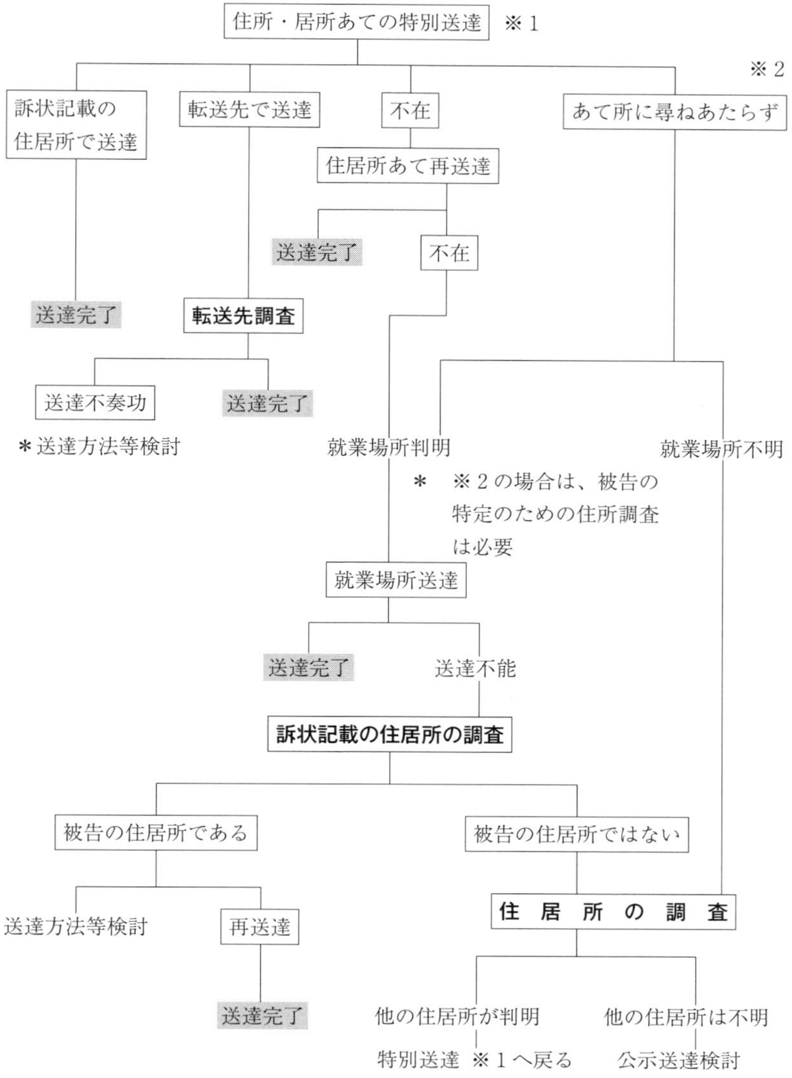

【書式11】 就業場所（勤務先）送達申請書

平成○○年☑(ハ)　□(手ハ)第○○○号事件

就業場所（勤務先）送達申請書

原　告　○　○　○　○
被　告　△　△　△　△

上記の事件について，被告の現在の就業場所（勤務先）を調査したところ，次のとおり判明しましたので，同人に対する送達は，就業場所（勤務先）にされるよう申請します。

1　勤務先
所在地　東京都○○区○○○　○丁目○番○号
名　称　○　○　○　○

2　勤務先の調査方法について
※調査した日　　平成○○年○○月○○日
※調査担当者 ─┬□原告の社員（氏名　　　　　　　　　　）
　　　　　　　└☑その他　　（氏名　○　○　○　○　　　）

※調査した方法
- □被告の自宅（住所）へ
- ☑被告の勤務先へ
  - □電話で照会した（☎　　　　　番）
  - □書面で照会した
  - ☑訪問して調べた
- □その他

平成○○年○○月○○日
□原告本人又は代表者　　☑原告代理人
（氏名）　○　○　○　○　㊞
○○簡易裁判所民事○○係　　御中

【書式12】 就業場所送達通知書

平成○○年(ハ)第○○○○号

平成○○年○○月○○日

被告

口頭弁論

△　△　△　△　殿

〒000-0000　東京都○○区○○１丁目２番３号
TEL　00-0000-0000（内0000）
FAX　00-0000-0000
△△簡易裁判所民事第○室○係
裁判所書記官　○　○　○　○　印

通　知　書

原　告　○　○　○　○
被　告　△　△　△　△

上記当事者間の訴訟事件について，あなたあての書類を，あなたの勤務先に郵送しました。

つきましては，この書類をまだ受け取っていない場合は，別紙郵便送達報告書写しに記載された受取人に確認してください。

なお，不明な点がある場合は，当方までお問い合わせください。

【書式13】　住居所調査報告書（付郵便送達・公示送達用）

平成○○年(ハ)第○○○号事件　　　　次回期日○○月○○日

住居所調査報告書
（付郵便送達・公示送達用）

平成○○年○○月○○日

○○簡易裁判所民事第○室○係　御中

調査者氏名　○　○　○　○　㊞
（原告との関係：○○○○）

受送達者　被告（△　△　△　△）

1　☑〔☑訴状記載　□申請書（　　月　　日付）記載〕の住居所について下記調査の結果，居住していることを確認しました。

□〔□訴状記載　□申請書（　　月　　日付）記載〕の住居所について下

記調査の結果，居住の事実及び転居先を確認することができませんでした。

2　調査結果

(1)　調査した日時　平成○○年○○月○○日

(午前)・午後○○時

(2)　調査場所　訴状記載の住居所

(3)　調査内容

ア　表札　☑あり（姓名：△△△△）　□なし

イ　郵便受け　☑あり

（郵便物新聞等　□あり　☑なし）　□なし

ウ　電気，ガスのメーター

☑あり（☑動いている　□動いていない）

□なし　□不明

エ　その他特記事項

（洗濯物の有無，室内の様子等）

オ　面接した相手（本人，配偶者，大家の○さん，管理人の○さん，隣人の○さん，など）

カ　面接の内容（居住者の家族構成，帰宅時間，就業状況等）

【書式14】　付郵便送達申請書

平成○○年☑(ハ)　□(手ハ)第○○○号事件

付郵便送達申請書

原　　　告　○ ○ ○ ○

被告(不送達)　△ △ △ △

上記の事件について，被告の現在の就業場所（勤務先）を調査したところ，その結果は次のとおりですから，同人に対する送達は，付郵便送達によってされるよう申請します。

1　勤務先の調査結果について

※現在の勤務先─┬☑不　明
　　　　　　　　└□な　い

以前の勤務先─┬□不　明
　　　　　　　├□な　い
　　　　　　　└☑次のとおり

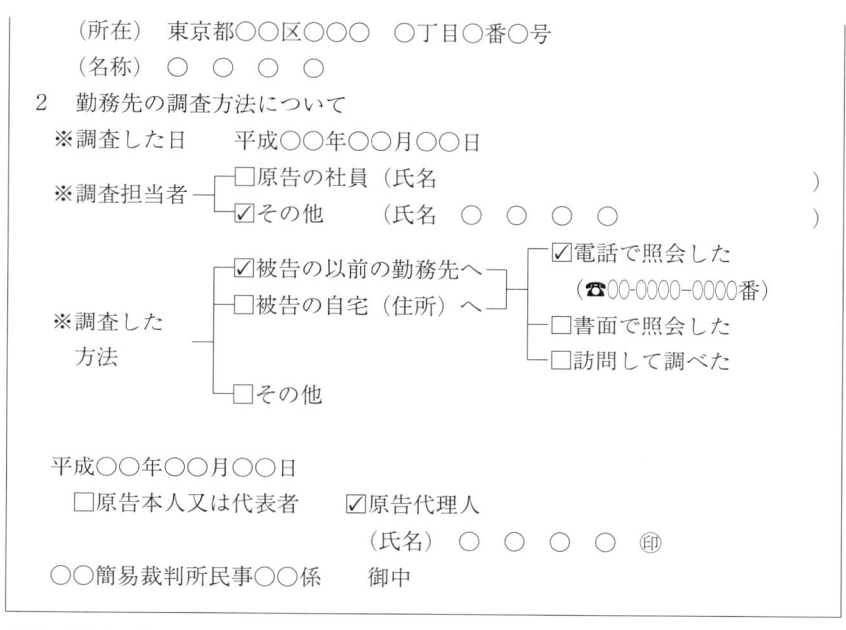

（所在）　東京都○○区○○○　○丁目○番○号

（名称）　○　○　○　○

2　勤務先の調査方法について

※調査した日　　平成○○年○○月○○日

※調査担当者 ─┬□原告の社員（氏名　　　　　　　　　　　　　　　）
　　　　　　　└☑その他　　（氏名　○　○　○　○　　　　　　）

※調査した方法
- ☑被告の以前の勤務先へ
- □被告の自宅（住所）へ
  - ☑電話で照会した（☎00-0000-0000番）
  - □書面で照会した
  - □訪問して調べた
- □その他

平成○○年○○月○○日

□原告本人又は代表者　☑原告代理人

（氏名）　○　○　○　○　㊞

○○簡易裁判所民事○○係　　御中

（注）【書式13】を添付して提出する。

【書式15】　付郵便送達通知書

被告

△　△　△　△　殿

平成○○年(ハ)第○○○○号

平成○○年○○月○○日

△△簡易裁判所民事第○室○係

裁判所書記官　○　○　○　○　印

電話　00-0000-0000（内0000）

原　告　　○　○　○　○

被　告　　△　△　△　△

上記当事者間の訴訟事件について，民事訴訟法107条に基づき，下記の書類を本日，書留郵便に付して発送しました。

この発送により，あなたがこれを受け取らない場合でも，送達があったものとみなされ，本件訴訟はそのまま進行し，不利益を受けることになります。

つきましては，郵便配達時に不在などのため受け取ることができなかったときは，さっそく郵便局に行って，この書留郵便を必ず受け取ってください。

なお，不明な点がある場合は，当方までお問い合わせください。

記

平成○○年○○月○○日口頭弁論期日呼出状

訴状副本

甲第○号証（写し）

【書式16】　公示送達申立書

平成○○年(ハ)第○○○号　　　　　　　　　　　　○○○請求事件

原　告　　○　○　○　○

被　告　　△　△　△　△

公示送達の申立

平成○○年○○月○○日

○○簡易裁判所民事第○室○係　御中

申立人　　○　○　○　○　㊞

頭書の事件について，被告の住所，その他送達するべき場所が判らないので，通常の手続では訴訟上の書類の送達ができないから，公示送達を実施されるよう申し立てます。

添付書類（□✓点を付したもの）

☑　所在調査報告書

☑　住民票・不在住証明書

□　戸籍附票

□

2 訴訟の進行

(1) 口頭弁論手続

(A) 訴訟指揮権

民事訴訟の手続は、**私的自治の原則**により、**処分権主義**と**弁論主義**の下に行われる。しかし、適正・迅速な裁判を実現するためには、その審理手続は、当事者が自主的に進めるのが必ずしも適当でない場合も多い。そこで、訴訟は、最終的な判断者である裁判所の**訴訟指揮**（法89条・148条ないし155条）の下に進められることになる。裁判所または裁判長は、口頭弁論期日を指定および変更し（法93条）、弁論の制限、分離もしくは併合（法152条）により審理を整理し、口頭弁論を指揮し（法148条）、必要に応じ当事者に釈明して（法149条・151条）、当事者の攻撃防御を適切に提出させながら（法156条・157条）、私的自治の原則と法的安定性の要請との調和を図りつつ、それぞれの事件の実情にあった解決方法を見出していくのである。

● *Check Point*―― **弁論主義** ●

☆判決の資料となる事実の主張・立証は当事者の権能でもあり責任でもある。

↓

処分権主義との相違点

共通な点　私的自治の原則から導かれる。

異なる点　処分権主義は審判の対象の確定の問題。

弁論主義は主張・立証を誰がするかの問題。

☆弁論主義の三つのテーゼ

第１テーゼ　主張責任の原則

第２テーゼ　自白の拘束力

第３テーゼ　職権証拠調べの原則的禁止

(B) 口頭弁論はなぜ必要か

適正な手続の下に行われる裁判の実現は、憲法上の要請である（憲法32

条・82条)。公開の法廷において、事件の当事者が対席し、攻撃防御を尽くして審理することは、刑事裁判のみならず(憲法37条、刑事訴訟法43条・53条・377条3号等)、民事裁判においても要請される(**公開主義**。法87条・91条)。

民事訴訟において、裁判所の判断である**判決**をするためには原則として**口頭弁論**を開かなければならない(**必要的口頭弁論**。法87条1項本文)。これにより、対立当事者に主張・立証を尽くす機会を平等に提供している(**双方審尋主義、当事者対等の原則**)。また、口頭弁論は、審理における訴訟行為を口頭で行わなければならないという原則(**口頭主義**)の要請にも応える。さらに、事実認定のためにする弁論の聴取や証拠調べを、判決を行う受訴裁判所の裁判官自身が行わなければならないとする原則(**直接主義**。法249条)は、口頭主義と結びついており、口頭弁論はこれらの要請に応える制度となっている。

実務ノート——弁論の更新(法249条2項)

裁判官が転勤等により途中で交代した場合には、当事者は、従前の口頭弁論の結果を陳述しなければならない。これが弁論の更新であって、直接主義に基づくものである。簡易裁判所においては、簡易・迅速に事件を処理することが予定されているので、原則的には途中で裁判官が代わるという事態は想定されていないともいえるが、それでも、転勤や病気等のやむを得ない事由により弁論の更新がされることがある。弁論の更新は、従前の裁判官の下で提出された主張や証拠を次の裁判官に報告する行為であり、当事者の一方が行えば足りる。交代した裁判官は、訴訟記録をすべて読み込んだうえで、交代後の最初の口頭弁論期日に望むことになるので、期日で裁判官が「裁判官が代わったので、弁論を更新します。従前通りということでよろしいですね」などと確認し、それを受けて当事者が「けっこうです」などということで済ませるのが通例である。

この口頭弁論において主張された事実は**訴訟資料**(狭義)として判決の基礎となる。また、この認定のために行われた証拠調べの結果得られた資料を**証拠資料**という。広義では、これら事実の主張と証拠をあわせて訴訟資料と呼ばれることもある。

なお、**決定**によって完結すべき事件については、裁判所の裁量により口頭弁論をするかどうかを決めることができる（**任意的口頭弁論**。法87条1項ただし書）。

(C)　簡易裁判所における口頭弁論の準備

法律の専門家ではない一般の市民が当事者として裁判所に出向いて裁判をするのは大変なことが多いのも事実であろう。

口頭主義、直接主義という民事訴訟の原則からすれば、口頭弁論期日のたびごとに裁判所に出向いて直接裁判官に口頭で陳述を行う必要がある。また、口頭弁論期日において、突然相手方が予想もしなかった主張をするのは不意打ちとなるし、さらに審理の遅延を防止するという要請もある。そのため、**準備書面**（法161条）の提出をはじめとして、争点および証拠の整理手続として、**準備的口頭弁論**（法164条以下）、**弁論準備手続**（法168条以下）、**書面による準備手続**（法175条以下）、**進行協議期日**（規則95条以下）などの制度が設けられている。

これらの規定は、簡易裁判所の裁判においてももちろん適用があるが、地方裁判所の裁判においてこそ、その制度趣旨に則った運用が必要であると考えられよう。むしろ、地方裁判所の裁判のために設けられたものといっても過言ではないかもしれない。簡易裁判所の目的は、比較的少額で簡易な事件を迅速に紛争解決に導くことである。もちろん簡易裁判所の裁判において、これらの準備手続を利用することもある。事件によっては適正・迅速な審理に有効に活用できる場合があることもあろう。

しかし、簡易裁判所における審理の1つの到達点は、少額訴訟（法368条以下）で行われている**一体型審理**であると考えたい。これは、できる限り1回の口頭弁論期日で紛争を解決すべく、裁判官が、当事者に対し、釈明権に基づく**主張の整理**と証拠調べとしての**本人尋問**を明確に区別することなく、**対話方式**で進めていく審理方式である。この一体型審理の方式は、少額訴訟事件だけでなく、簡易裁判所の通常訴訟における市民紛争型事件の審理についても用いられており、かなりの成果（適正・迅速な審理）をあげているのが実情である。

地方裁判所と比べて、訴額も争点も少ない事件を扱う簡易裁判所としては、当事者の裁判所に出頭する負担を軽減させるためにも、事実について争いのあるなしにかかわらず、１度の審理時間は多少かかっても、できるだけ１、２回の口頭弁論期日で審理を集中的に行い、事件を終局まで導く努力をすべきであろう。

(D) 被告の答弁

(a) 被告の側の準備

原告が訴え提起のために時間をかけて準備できるのに対し、被告は、およそ１カ月後に出頭を求める内容の口頭弁論期日の呼出状とともに（規則60条２項参照）、原告の求めている裁判に対する対応を求められることになる。中には当事者間における事前の交渉や催告等によって、訴訟が提起されることを予想できる人もいるだろうが、まさに寝耳に水の人もいるだろう。

中には、自分は訴状に書いてあるような要求を受けるのは非常に心外であると憤慨して裁判所に赴く人もいる。そこで、事情を聴いてみると、家族が勝手に契約してしまったとか、契約書をよく読んではいないが、自分が契約した相手ではない人（販売会社ではなく信販会社）から訴えられたとか、確かに支払いはしていないが、それは原告の対応が悪いからだ、といった主張をする人がいる。このような原告に対する自分の言い分が、この訴訟においてどういう意味があるのかを検討することが、被告側において準備すべきポイントである。憤慨したからといって、適切な応訴手続をとらないと裁判は不利な結論になってしまう。短い準備期間ではあるが、契約書や、受領書、図面など、自分に求められている訴えに関係があると思われる書類や、証人となってくれる人などを準備したうえで、第１回口頭弁論期日よりもできるだけ早い時期に答弁書を裁判所に提出することが望まれる。

(b) 本案前の答弁

事件によっては、被告の住所地を管轄する裁判所ではない裁判所に訴えが提起されることがある。仮に、それが被告の住所地より遠方である場合には、自らの主張や立証を十分に行うために、自分の住所地を管轄する裁判所への移送の申立てをすることも考えられる。

また、**訴訟要件**の欠缺（当事者適格がないなど）による訴え却下判決を求めるような場合もある。

このような、裁判の実体を審理する前の段階の主張を**本案前の答弁**などという場合がある。

● *Check Point*—— 訴訟要件 ●

訴訟要件は、本案判決をするためにその訴訟が備えていなければならない要件である。訴状却下命令（法137条２項）や移送（法16条１項）のように、訴訟要件の不備が補正できないときには、決定をもってそれ以上審理の続行をしないという判断をする場合もあるが、訴訟要件不備のまま本案の審理を続行することは可能であり、その場合には口頭弁論終結時までに訴訟要件が具備されないときには、裁判所は訴え却下の判決（**訴訟判決**）をすることになる。

訴訟要件の種類について、その主要なものをあげると、次のように分類される。

ⅰ 裁判所に関するもの

㋐ 請求と当事者がわが国の裁判権に服するものであること

㋑ 裁判所が当該事件に管轄権を有すること

ⅱ 当事者に関するもの

㋐ 当事者が実在していること

㋑ 当事者が当事者能力を有していること

㋒ 当事者が当事者適格を有していること

㋓ 訴え提起および訴状の送達が有効であること

ⅲ 訴訟物に関するもの

㋐ 二重起訴禁止に触れないこと（法142条）

㋑ 再訴の禁止（法262条２項）に触れないこと

㋒ 訴えの利益があること

訴訟要件は、公益性の要請が働くので、裁判所が職権でその存否を調査し（**職権調査事項**）、判断するのが原則である。しかし、被告が不起訴の合意を主張する場合のように、当事者の利益に働く訴訟要件の場合には、当事者の主張があった場合に調査をすれば足りるもの（**抗弁事項**）もある。

また、訴訟要件の判断のための資料の収集については、**弁論主義**の適用を認めてよいものが多いが、上のⓘ、ⓘⓘにあたるような事項については公益性が強いので、**職権探知事項**とされている。

(c) 本案の答弁

当事者は、口頭弁論期日に出頭して裁判官に対して自分の主張を述べるのが原則である（口頭主義・直接主義）。だから、被告も原則として口頭弁論期日に出頭して主張をしなければ、自分の権利の実現を図れない（法159条３項）。

したがって、被告が最初の期日に陳述すべきことは、訴状の記載に対応した次のような事柄である。

まず、被告は原告の主張する請求の趣旨が認められるかどうかについて答弁する。原告の請求に理由がないとするだけの主張があれば、**請求棄却判決**を求める答弁をする。「請求原因事実に争いはないが分割払いを希望する」と主張することは、一部請求棄却判決を求めることになる（請求された債務の全部の履行を一時にせよという判決ではない）ので、やはり、「請求棄却の判決を求める」という答弁になる。

なお、請求棄却の判決を求める際、あわせて「訴訟費用は原告の負担とする」との判決をも求めるのが通例であるが、費用負担の裁判は、裁判所が終局判決で職権で判断すべき（法67条１項）であるから、このような申立ては必要的ではない。

次に、請求原因事実について「認める」か「否認する」か「知らない」かの答弁をする。請求原因事実がいくつかの項目に分かれているときは、項目ごとに答弁をすることになる。「否認する」や「知らない」と答弁すると、原告はその事実について立証する必要が出てくる（法159条２項）。「認める」と答弁すると、その事実（主要事実）に自白が成立して、原告は立証を免れる（法179条）。裁判所は、その事実をそのまま判決の基礎としなければならない。また、自白した当事者は、原則として、自白の内容と矛盾する主張ができないし（禁反言）、①相手方が同意した場合、②自白が相手方または第三者による刑事上罰すべき行為によって行われた場合、③自白が真実に反し、かつ錯誤に基づいてなされた場合（なお、反真実性の証明がされた場合には、特別の事情がない限り、錯誤に出たものと推定されるというのが判例の考え方である）を除いては、任意に自白の撤回ができなくなるという効果が発生する。請求原因事実について、何も態度を明らかにしないと（沈黙）、弁論の全趣旨からその事実を争っているものと認められない限り、自白したものとみなされてしまう（**擬制自白**。法159条１項）。

被告は、ある事実を「認める」とした場合、これに矛盾しない、原告の請求を排斥する主張をすることができる。これが**抗弁**である。たとえば、原告の貸金請求の請求原因に対して、確かにお金は借りたが（消費貸借契約の要件事実の自白）、返した（弁済の抗弁）という主張がこれにあたる。

ところで、たとえば、原告が「100万円の貸金のうち、50万円は弁済してもらっている」と述べた場合であるが、この場合には、被告の主張するべき抗弁に先行して原告が自白（**先行自白**）したものとして、被告が援用した場合（本人訴訟の多い簡易裁判所では、被告が争っていない場合には、基本的には援用したものと考えられよう）、裁判所は50万円の弁済の事実を認定することができる（実務上は、たとえば、貸金返還請求における訴状のように、原告のほうが、一部の支払いを受けていることを前提として、その残額を請求しているのが通例であるが、これは、原告が弁済の抗弁を先行自白したと考えるのではなく、請求の対象となる貸金債権を特定する旨の陳述ないしは請求の前提となる事情を述べたものにすぎないと考えられている）。仮に、この事例で、被告が弁済の事実を明確に争っているような場合には、先行自白にあたらないが、弁論に現れている事実であるので、証拠によって認定できれば裁判所が判断の資料とすることもできると考えられている。

● Check Point —— 当事者の訴訟行為 ●

☆
- 申立て
  - 本案の申立て
  - 訴訟上の申立て
- 主　張
  - 事実主張　←相手方の態度
    - 否認
    - 不知
    - 自白（法179条）
    - 沈黙（法159条１項）
  - 法律上の主張
- 証　明 ←（否認・不知）

☆**当事者の主張の関係**

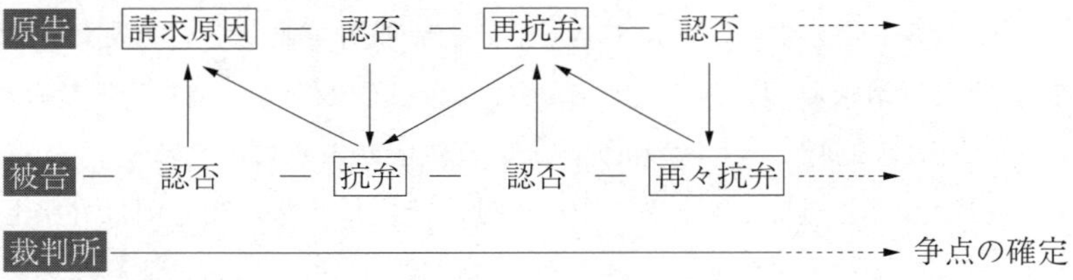

☆**証明責任の分配**

証明責任は、誰がどのような場合に負うかということが**証明責任の分配**に関する問題である。証明責任の分配は**主張責任の分配**と同じであると考えるのが通説である。

従来の通説である**法律要件分類説**（規範説）は、立証の公平という観点から、各当事者は自己に有利な法律効果の発生を定める法条の要件事実について証明責任を負うと説き、ある法律効果が他の法律効果に対してどのように働くかという観点から実体法規を次のように分類する。

ⅰ　**権利根拠規定**　　権利の発生を根拠づける規定。たとえば、民法555条によれば売買契約が成立することにより代金請求権や財産権の引渡請求権が発生する。

ⅱ　**権利障害規定**　　根拠規定に基づく法律効果の発生を妨げる規定。たとえば、民法95条によれば法律行為の要素に錯誤があると無効（改正民法95条では取消事由）になり、権利の発生を阻害することになる。

ⅲ　**権利阻止規定**　　いったん成立した権利の行使を一時的に阻止する規定。たとえば、民法135条によれば期限の到来まで相手方の履行の請求を阻止することができる。

ⅳ　**権利消滅規定**　　いったん成立した権利を消滅させる規定。たとえば、民法167条（改正民法166条）によれば一定の期間の経過により権利が消滅することになる。

なお、各規定を図示すると、次のようになると考えられる。

過去の一時点　　　　　　　　　　　　現在
ⓘ　発生　○ ――――――――――――→ ○
ⓘⓘ　障害　⊗ - - - - - - - - - - - - - → ×
ⓘⓘⓘ　阻止　○ ――――――――――――→ △
ⓘⓥ　消滅　○ ――― × - - - - - - - - - → ×

そして、これらの規定による法律効果を論理的に組み合わせる形で、当事者はそれぞれ自己に有利な法律効果の発生要件事実について証明責任を負うとする。つまり、権利があると主張する者がⓘの規定を、これを阻止しようとするものが、ⓘの規定に論理的に対抗できるⓘⓘないしⓘⓥの規定を立証する責任があるというわけである。

この法律要件分類説に対しては、証明責任の分配の基準をめぐって批判がなされている。しかし、実体法の解釈にあたり、ある事実の証明責任をどちらの当事者に負わせるべきかを判断する場合には、当事者の証明負担の公平性・妥当性という実質的事情を考慮して行うべきであるとする点については、現在の法律要件分類説も認めるところであり、前記のような法規の分類には合理性があると解される。

(d)　答弁書の提出

民事訴訟法は、自分の主張をあらかじめ書面に記載して裁判所に提出することを求めている（法161条）。この書面を**準備書面**というが、被告が最初に提出する答弁書も準備書面の一種である（規則79条）。

訴状と同じく、答弁書にも、**形式的記載事項**（規則２条）のほか、**実質的記載事項**として、請求の趣旨に対する答弁、請求原因事実に対する認否、抗弁事実、抗弁の主要事実、重要な間接事実およびその証拠を記載する（規則80条）。この答弁書の規定の仕方は、訴状のそれと似ている（規則53条１項）。訴状では、原告が**請求原因事実**について、答弁書では被告が**抗弁事実**について、それぞれの**要件事実**および**重要な間接事実**とそれに沿う**証拠**を記載することになる。

【書式17】 答弁書（口頭弁論期日呼出状一体型）

事件番号　平成　　年(ハ)第　　　　号

〒100-0000　東京都○○区○○１丁目１番１号
☎03-0000-0000（大代表）　内線　　　番
FAX03-0000-0000
○○簡易裁判所民事第　　室　　係
裁判所書記官

口頭弁論期日呼出状・答弁書催告状

あなたに対する訴状が提出されました。あなたの言い分を裁判所が聞く日（口頭弁論期日）が，

平成　　年　　月　　日午前/後　　時　　分

と定められましたので，当裁判所民事第　　　号法定（　　階）に必ずお越しください。

なお，裏面を参考に右側の答弁書を作成し，□　月　日までに／□できるだけはやく　2部（1部はコピーでかまいません。ただし，2部とも必ず押印してください。）提出してください。

〈注　　意〉

1　あなたが，何もしないでこのまま放置しておくと，相手方の言い分どおりの判決が出て，あなたの給料や財産の差押え等をされることがありますので，ご注意ください。
2　簡易裁判所には，民間から選ばれた司法委員が，分割払い等話合いによる解決をうながす手続もあります。
3　分からない点は，上記の書記官にお気軽にお尋ねください。

＊当庁には駐車施設がございません。車による来庁はご遠慮ください。

きりとってください

○○簡裁民事第　　室　　係　御中　　　（口頭弁論期日　　月　　日）
平成　　年(ハ)第　　　号

答　弁　書（該当する□に✓印を記入）

〒□□□-□□□□　　　　平成　　年　　月　　日
住所
氏名
（会社名・代表者名）　　　　　㊞
☎　－　－　FAX　－　－

〈書類の送達場所の届出〉
私に対する書類は，次の場所宛てに送ってください。（必ず一つ選択）
□上記住所
□勤務先〒□□□-□□□□　☎　－　－　FAX　－　－
住所
名称
□その他の場所（私との関係　　　　　）
〒□□□-□□□□　☎　－　－　FAX　－　－
住所　　　　　（　　様方）

〈送達受取人の届出（希望者のみ）〉
私に対する書類は，（氏名）　　　　宛てに送ってください。

第１項　請求に対する答弁
訴状の請求の原因（紛争の要点）に書かれた事実について，
□すべて認めます。
□間違っている部分があります。（裏面に具体的に記載する。）
□知らない部分があります。（裏面に具体的に記載する。）

第２項　私の言い分
□私の言い分は，裏面に記載したとおりです。
□話合いによる解決（和解）を希望します。
□分割払いを希望する。
平成　　年　　月から，毎月　　日までに金　　　円ずつ支払う。
□その他の案

（和解を希望する理由は裏面に記載）

1　請求の原因（紛争の要点）に対する具体的な答弁

(1)　間違っている部分

(2)　知らない部分

2　私の言い分

3　和解を希望する理由

＊上記の各欄に書き切れないときは，別紙に書いてこの答弁書に添付し割り印してください。

きりとってください

〈答弁書の書き方〉

簡易裁判所の訴訟手続では，口頭弁論期日に裁判所へ出向いて口頭であなたの言い分を述べても構わないのですが，あらかじめ言い分を書面に書いて提出しておけば，あなたの言い分を正確に裁判所や相手方に伝えることができます。以下をよく読んで作成して下さい（ペン又はボールペンで。）。

1　「書類の送達場所」とは，裁判所から書類を送る場合の宛て先です。どこに送ってほしいか，必ず一か所届け出て下さい。なお，「その他の場所」は，あなたの住所でも勤務先でもない場所（例えば，あなたの実家等）を希望するときに使い，（　）内に，「父の家」等あなたとその場所の関係を具体的に書いて下さい。また，「送達受取人」というのは，あなたの代わりにあなた宛ての書類を受け取るべき人です。ただし，これは，希望するときだけ書いて下さい。

　これらの届出をすると，以後あなた宛ての書類は，あなたから変更の届出のない限りその送達場所や送達受取人に宛てて送られます。

2　第1項は，訴状の請求の原因（紛争の要点）に書かれた事実に間違いがあるかどうか答えるところです。間違いがあるときは，その□に✓印をつけたうえ，裏面に，どこがどう間違っているか書いて下さい。

｛例｝「借りたお金は，5万円ではなく3万円です。」
「お金を借りたのは，2月1日ではなく3月1日です。」
「連帯保証したことはありません。」

　また，あなたの知らないことが書いてあるときは，その□に✓印をつけたうえ，裏面に，どの部分か具体的に書いて下さい。

3　第2項は，あなたの言い分を記入するところです。分割払いその他，話合いを希望するときは，具体的な案も書いて下さい。また，特に言い分があるときは，裏面に簡潔に書いて下さい。

｛例｝「相手方の社員から，平成○年○月○日まで支払を猶予してもらっています。」
「品物を買う約束はしましたが，まだ品物を受け取っていません。」

〈その他の注意〉

1　自分の言い分を証明できる書面（裁判所用と原告用に，写しを合計2部）や証人を，予め準備しておいて下さい。

2　やむを得ない事情で口頭弁論期日に出席できない場合や，弁護士又は訴訟代理人となる資格のある司法書士以外の人を代理人にしたい場合は，できるだけ早めに，呼出状に記載された書記官に連絡を取って下さい。

しかも、このような内容を記載した答弁書は、訴訟の相手方である原告が準備をするのに必要な期間をおいて、裁判所に提出しなければならないのが原則である（規則79条１項）。

一方、答弁書を受け取った原告は、被告の抗弁の主張に対して認否し、再抗弁事実があればこれを主張し、一方で被告が争う事実についてさらに証拠などをあげて立証の準備をしていかなければならない（規則81条）。そして、当事者のこれらの準備書面は、おのおの相手方が準備をするのに必要な期間をおいて直送すべきことも求められている（規則83条）。これらの規定は、**当事者主義**からの要請であるといえる。

【書式18】 答弁書

平成○○年(ハ)第○○○号

答　弁　書

1　紛争の要点（又は請求の原因）に対する私の意見は，次のとおりです。

☑　訴状の紛争の要点（又は請求の原因）に書かれている事実は，すべて間違いありません。

□　次の部分が間違っています。
（間違っている部分を書いてください。）

□　その他私の意見

2　☑　話し合いによる解決（和解）を希望します。

(1)　支払いについての希望

☑　分割払いを希望（月額金　○万円・支払日　毎月 ○○ 日限り）

□　平成　　年　　月　　日までに一括して支払う。

□　その他の支払希望（わかりやすく具体的に書いてください。）

(2)　上記のような支払いを希望する理由

被告は○○業を営んでいるが，近くに競合する業者が現れたこと等により，売上げが減少し，生活も苦しくなっている。そこで，毎月の返済額を減額した分割払いをお願いしたい。
平成○○年○○月○○日
（住所）　○○県○○市○○　1-2-3
（氏名）　○　○　○　○　　　　　　　　　㊞
（自宅電話番号）000-000-0000　　　　（FAX）
（平日昼間に連絡可能な電話番号）　000-000-0000
（送達場所の届出）
☑　上記住所
☐　その他の場所（私との関係　　　　　　　　　　）
○○簡易裁判所民事　○係　御　中

(E)　準備書面に関する簡易裁判所の特則

これまで述べてきたような簡易裁判所の性格を考えると、以上の準備を簡易裁判所における全事件、あるいは訴訟の全当事者に要求するのは必ずしも合理的とはいえないことも多い。以上のような法律の規定は、弁護士や司法書士代理の事件を除けば、基本的には、地方裁判所において迅速かつ充実した審理をするためのものと位置づけてもよいように思われる。

そのため、簡易裁判所においては、**書面による準備の省略**が許されている（法276条１項）。すなわち、当事者は、あらかじめ書面で自分の主張を準備しなくても、口頭弁論期日において、裁判官に口頭で主張すればよいのである。裁判官は、口頭弁論期日において、当事者から必要な事実を聴取し、当事者の主張を整理していくことで多くの事件に対応できるものと思われる。

ただし、口頭弁論期日当日になって、相手方が予想していないような主張をした場合（たとえば、貸金請求に対して、被告が答弁書で、そのような契約をした覚えがないと主張をしていたところ、口頭弁論期日で、実は原告に対する別の債権があって相殺した、などと言い出したような場合）には、相手方にとっては**不意打ち**となってしまい、すぐには応答（否認や抗弁）できない。このように、相手方があらかじめ主張に対して準備をしなければ応答できないような事項については、そのような主張をする当事者は、先に準備書面に必要な内容を記載しておくか、期日前に通知しておかなければならない（法276条

2項)。もっとも、このような準備書面を提出していなくても、相手方が異議なくこれに応答をすれば、相手方は**責問権**を喪失したと解される(法90条)。

実務ノート――準備書面の省略

本文で述べたように、簡易裁判所においては、当事者の負担等を考慮して、基本的には法廷において口頭で述べればよいという建前になっており、多くの事件はそれで問題なく進行していくと考えられよう。

もっとも、書面によって準備したほうが、裁判所に正確に当事者の主張を伝えることができるし、裁判所も当事者の主張を正確に把握することができるという利点があるのも事実である。また、事前に書面を提出しておくことによって迅速に事件を進行させるというメリットはかなり大きなものと考えられよう。したがって、当事者においても、法廷における口頭の主張で足りる事柄か、それともあらかじめ書面で準備しておいたほうがよいと思われる事案か、その振り分けも考えながら、訴訟にあたるのが相当であろう。

(F) 準備書面の提出の効果

さらに、一歩進めて、事前に相手方に準備書面を送達しておくか、あるいは相手方が準備書面の受領書を提出してあれば、出頭した一方当事者は、相手方が欠席しても、その準備書面を陳述することができ(法161条3項・276条2項・3項)、これにより、そこに記載されている事実について、欠席した相手方の擬制自白(法159条1項・3項)が認められ、欠席判決を得られる可能性もある。簡易裁判所において、このような場面が生じることは現実には多くはないであろうが、訴訟上のルールとして常に念頭においておくべきである。

また、準備書面を提出しておけば、地方裁判所においては、最初の口頭弁論期日に限り、その準備書面を提出した当事者は、欠席してもそこに記載してある事項を陳述したものとみなされる(**擬制陳述**。法158条)。この点、簡易裁判所においては、**続行期日**においても擬制陳述が許される(法277条)。本人訴訟が多い簡易裁判所において、裁判所への出頭の負担を軽減する趣旨であるが、かといって、擬制陳述の多用は、簡易裁判所においても迅速な裁判の実現を妨げる要因にもなるので注意が必要である。

なお、その準備書面（答弁書）に、**請求の放棄**または**請求の認諾**の趣旨が記載されている場合は、裁判所がこれを陳述擬制すると訴訟が終了する（法266条２項）。

(G)　期日の変更

いったん指定された期日は簡単には変更できない。特別な理由もないのに変更が許されると、迅速な裁判の要請に反するからである。そこで、法は「顕著な事由がある場合に限り」変更を認めている（法93条３項）。**顕著な事由**は法93条４項にいう**やむを得ない事由**よりは広い概念で、たとえば当事者や代理人の病気や家族などの不幸をいうとされているが、単に病気で出頭できないとの申出だけでは足りない。

顕著な事実がなくても期日の変更が許される場合がある。第１回口頭弁論期日は、通常当事者の都合を考慮せずに指定されることが多いので、当事者の合意があれば、期日変更が許される（法93条３項ただし書）。

裁判所は、当事者が申し立てた期日変更申請に理由がないと判断すれば、決定で却下することになる。期日の変更が認められると、その期日は取り消されて、新たな期日が指定されることになる。裁判所のこの許否の決定に対しては不服申立てができないと解されている（大判昭５・８・９民集９巻777頁）。

期日の変更と似た概念に、期日の延期と期日の続行がある。**期日の延期**とは、その期日は開かれたが、当事者の双方または一方が不出頭などにより何らの実質的な訴訟行為が行われずに終わることである。このとき同時に新期日が指定される場合と、次回の期日は追って指定となる場合がある。**期日の続行**は、その期日が開かれ、何らかの訴訟行為が行われた後、弁論等を終結等せずに新期日が指定されることである。いたずらに期日を重ね、訴訟が遅延することを避けるという趣旨から、期日を延期や続行する場合には、次回期日の予定が明確に決まっていることが前提になると考えられよう。

【書式19】 期日変更申請書

平成○○年(ハ)第○○号　○○請求事件
原　告　○　○　○　○
被　告　○　○　○　○

期日変更申請書

平成○○年○○月○○日

○○簡易裁判所　御中

被　告　○　○　○　○　㊞

頭書の事件について，下記の理由により口頭弁論期日（平成○○年○○月○○日午前10時00分）の変更を申請します。

記

（理由）……………………………

（次回希望日）

（注）　申立手数料は不要である。次回希望日は、事前に担当の裁判所書記官と打合せをしておくか、あるいは複数日を記載しておくのが相当である。

(2)　口頭弁論期日における当事者の欠席

口頭弁論期日に、当事者の一方が期日変更申請も出さずに（あるいは期日変更申請が却下されたにもかかわらず）欠席した場合について、民事訴訟法は次のような規定を設けている。

(A)　原告が欠席した場合

原告が欠席するということはあまりないと思われるが、このような場合には、次のような取扱いが行われる。

最初にすべき口頭弁論期日に原告が欠席した場合で、被告が審理を希望する場合には、訴状を陳述したものとみなされ、被告が訴状に対する答弁をすることになる（法158条）。もっとも、事案により被告の答弁内容を聞いたうえで、期日を延期することもあり、どちらの取扱いとするかは、裁判所の裁量による。

なお、簡易裁判所の場合は、続行期日においても、送達等がなされている限り準備書面を擬制陳述できる場合があることは前記（84頁参照）のとおりである（法277条）。

被告が審理を行うことを希望しない場合には、**休止**となる（法263条）。休止となった場合には、1カ月以内に期日指定の申立てがなければ訴えの取下げがあったものとみなされる。さらに、一度期日指定の申立てがされても、連続して2回休止となれば直ちに訴えの取下げがあったものとみなされることになる。

(B)　被告が欠席した場合

被告が答弁書その他の準備書面を提出していない場合は、裁判所は、被告が原告の主張した事実を争うことを明らかにしないものとして、その事実を自白したものとみなし（**擬制自白**。法159条1項・3項）、原告の請求を認容する判決を出すことができる（**欠席判決**）。答弁書等を提出していても、原告の主張する事実を争う趣旨が記載されていなければ、やはり自白したものとみなされてしまう。

ただし、被告を**公示送達**（法110条）の方法によって期日の呼出しをした場合には、擬制自白が成立せず（法159条3項ただし書）、原告は、請求原因事実を立証しなければならない。立証方法として多く用いられているのは、書証、証人尋問あるいは本人尋問である（証拠調べについては後述する）。実務上は、第1回口頭弁論期日までに、訴状、書証の写し、証人申請等の必要な書類をすべて公示送達しておき、1回の期日で終結するのが通例である。また、事案によっては直ちに判決までしてしまう例もある。

以上により当事者間に争いがないとして請求認容の判決を言い渡すときには、**判決原本**に基づかないですることができる（法254条1項1号・2号。原則は法252条）。この場合には、**調書判決**によることが認められている（法254条2項）。

なお、欠席した被告が、答弁書等で請求原因事実を認めたうえで、分割払いを希望している場合には、まず後記の和解に代わる決定等が可能か否かが検討され、原告の同意が得られない等の理由により、決定等ができないとなった段階で弁論を終結し、請求認容の判決をすることになろう。

被告が請求原因事実を争う旨の答弁書を提出してあれば、裁判所はこれを陳述したものとみなし、出頭した原告にさらに弁論させることができる（法158条）。なお、この場合には、原告は、次回期日で、被告が争う事実について立証することになろう。

実務ノート――訴状が有効に送達されていない場合

このような場合には、電話等の適宜の方法で、期日前に裁判所書記官が原告に対し、訴状が不送達となっている旨を不送達の理由とともに通知することになる。したがって、このような通知に対応する形で、原告から送達先等を調査するための必要な期間を申し出るのが通例であり、それに応じて期日変更がされる例が多いと思われる。もっとも、原告から何らの対応がされない場合には、いたずらに期日を延ばすわけにもいかないために、口頭弁論期日を開き、原告の訴訟追行の意思等を確認せざるを得ないこともある。

実務ノート――共同訴訟における訴訟進行

被告複数の通常共同訴訟において、適法に送達を受けた被告の一方が、第1回口頭弁論期日に答弁書等を提出することなく欠席した場合、（法律上、合一確定の要請がないことから）当該被告に対する弁論を分離・終結して判決することができるのが原則である。通常共同訴訟においては、（共同訴訟人独立の原則により）共同訴訟人の一人がしたまたはされた訴訟行為、共同訴訟人の一人に生じた事項は、他の共同訴訟人に影響を及ぼさないのが原則であり（法39条）、共同訴訟人の一人がした主張は、他の共同訴訟人が積極的に援用しない限り、他の共同訴訟人が主張したことにはならない（最判昭43・9・12民集22巻9号1896頁）。なお、共同訴訟人の一人が提出した証拠については、（自由心証主義等により）援用の有無にかかわらず、他の共同訴訟人との関係でも認定の資料にすることができる（最判昭45・1・23集民98号43頁）。

もっとも、前記の原則に対して、たとえば、貸主が、主債務者と連帯保証人を共同被告として貸金の返還を求める訴訟を提起した場合に、主債務者のほうは、口頭弁論期日に出頭して請求を争ったものの、連帯保証人が何らの書面も提出することなく欠席した場合には、連帯保証人について、直ちに判決をしてしまうと、仮に、主債務者が貸主に対して勝訴判決を得たとしても、連帯保証人から求償金を請求されるおそれがあるという指摘がある。この点について、実務では、①連帯保証人についても終結することなく、期日を続行するという考え方、②連帯保証人については終結するが、(弁論の再開ができるように)判決言渡しを追って指定とするという考え方、③通常共同訴訟である以上、主債務者と連帯保証人とで判断が異なってもやむを得ないとして、直ちに判決をするという考え方などに分かれている。

(C)　和解条項案の書面による受諾

当事者の一方が裁判所に出頭することが困難である場合に、その当事者があらかじめ裁判所から示された和解条項案を受諾する旨の書面を提出し、他の当事者が口頭弁論期日に出頭して、その和解条項案を受諾すれば、当事者に和解が成立したことになる制度である(**受諾和解**。法264条)。

なお、受諾和解と似た制度として、裁判所等が定める和解条項(**裁定和解**)の制度がある(法265条)。これは、当事者双方が共同して申し立てることによって、裁判所が適当な和解条項を定めて当事者双方に告知すると、当事者間に和解が成立したものとみなされるものである。これは、少なくとも最初の口頭弁論期日において、一方当事者が不出頭となる場合を予定していないと解される。

実務ノート――和解条項案の書面による受諾(受諾和解)手続の流れ

Ⅰ　要　件

(i)　当事者の出頭の困難(遠隔の地に居住していることその他の事由により出頭することが困難であると認められる場合)

(ii)　口頭弁論等の期日への当事者のうちの１人の出頭

Ⅱ　手続の流れ

(i)　裁判所による和解条項案の提示

ⓘ 不出頭予定の当事者に対する、以下の書面の送付
ア 和解条項案
イ 法264条に規定する効果を記載した書面（規則163条1項）
ⓘⓘ ファクシミリ送信または普通郵便による送付で足りる
↓
(ii) 不出頭当事者の受諾書面の提出および真意の確認
ⓘ 受諾書面のファクシミリ送信可
ⓘⓘ 真意の確認
ⓘⓘⓘ 和解条項案の変更の申出がある場合には、あらためて訂正のうえ送付し直す
↓
(iii) 和解の調書記載および受諾書面提出者への通知
ⓘ 和解成立の擬制
ア 不出頭当事者による受諾書面の提出（前記(ii)）
イ 出頭当事者による期日における和解条項案の受諾
↓
合意の成立が擬制される
ⓘⓘ 調書への記載
ⓘⓘⓘ 受諾書を提出した当事者への通知（和解調書正本の送達申請がされた場合には、この送達をもって通知を兼ねることができる）

(D) 和解に代わる決定

和解に代わる決定とは、金銭債権を目的とする訴訟において、被告が、口頭弁論で原告の主張を争わず、その他何らの防御方法も提出しない場合に、裁判所が、被告の資力その他の事情を考慮して相当と認めるときに、原告の意見を聴いて、決定確定の日から5年を超えない範囲内で、支払いの猶予や分割払いの定めをし、またはこれとあわせて、この決定に従って期限の利益を喪失することなく支払いをすることを条件に、訴え提起後の遅延損害金の支払義務を免除する旨の定めをして、金銭債権の支払いを命ずる決定（**和解に代わる決定**）をすることができるというものである（法275条の2）。**少額訴訟判決**（法375条1項）と並んで、簡易裁判所において当事者の実情に応じた

解決を図る趣旨の規定である。

（参考１）　和解に代わる決定の要件

和解に代わる決定は、簡易裁判所における金銭請求事件について、被告が原告の請求を争っていない場合に、円滑に和解的解決を図ることを目的とする手続である。

その要件としては、以下のようになる。

① 金銭の支払いの請求を目的とする訴えであること
② 被告が口頭弁論において原告の主張する事実を争わず、その他何らの防御の方法をも提出していない場合であること
③ 被告の資力その他の事情を考慮して相当であると認めるときであること
④ 原告の意見を聴くこと

（参考２）　和解に代わる決定の内容

1　被告に対し、原告の請求に係る金銭の支払いを命ずるものである。
2　支払時期の定め（いわゆる期限の猶予）または分割払いの定めをすることができるが、それは５年を超えない範囲内である（５年の期間の起算点は決定の確定時）。
3　分割払いの定めをした場合には、その履行を怠った場合に期限の利益を喪失する旨の定めをする必要がある（必要的）。
4　支払時期の定めに従って支払ったとき、または期限の利益を失うことなく支払ったときは、その訴えが提起された後の遅延損害金の支払義務を免除する旨の定めをすることができる。

実務ノート――和解に代わる決定内容の考え方

和解に代わる決定の内容については、法275条の２は、その基本的な事項について、その基準を定めただけであり、当該事項以外は全く認められないという趣旨ではなく、訴訟に現れたいっさいの事情や当事者の意思等も踏まえたうえで、衡平にも配慮しながら、裁判所が、紛争解決に資するための必要な決定を行えると解釈することが相当であると考えられる。

この点、実務の運用においては、前記のように解するのが相当であるとして

も、5年の分割払期間のように法律の規定で明確に決定内容が制限されている場合には、これに反する決定はできず、民事調停法17条による調停に代わる決定によるとする考え方と、要件をより柔軟に解釈して適用する運用に分かれている。この考え方の違いは、①金銭の支払請求に併合して、自動車の引渡しを請求する事案、②請求原因事実の一部について争いがあった場合、③利害関係人の参加、④5年を超える分割払い、⑤訴訟に付随する保全事件で供託した担保の取消しなどを取り入れた和解に代わる決定ができるか否かといった点に現れてくる。なお、これらについて、和解に代わる決定ができないという考え方に立った場合には、調停に代わる決定を行うか否かの検討がされることになろう。

（参考3）　和解に代わる決定の効力

1　決定の告知を受けた日から2週間以内に異議の申立てが可能。異議申立てに際して理由の記載は不要。
2　異議の申立てがあると決定は効力を失う。
3　異議の申立てがない場合には、決定は裁判上の和解と同一の効力を有することになる。裁判上の和解は、確定判決と同一の効力がある。
4　和解に代わる決定は、決定自体が終了原因となる。
5　異議により決定の効力が失われると、訴訟手続を進めることになり、裁判所は、あらためて原告の請求を認容する旨の判決を行うことになる。

【書式20】　和解に代わる決定例

平成○○年(ハ)第○○号　○○請求事件　❶

決　　定　❷

東京都○○区○○1丁目2番3号
原　　　　告　株式会社　甲
代表者代表取締役　甲　野　太　郎　❸
訴　訟　代　理　人　乙　野　次　郎
鹿児島市○○2丁目3番4号
被　　　　告　丙　野　花　子

上記当事者間の頭書訴訟事件について，当裁判所は，次のとおり決定する。

主　　文 ❹

1　被告は，原告に対し，本件債務として，次の合計○○万○○○○円の支払義務があることを認める。
(1)　残元金○○万円
(2)　未払利息○万円
(3)　確定遅延損害金○万○○○○円
2　被告は，原告に対し，前項の金員を，次のとおり分割して，原告方に持参又は送金して支払う。
(1)　平成○○年○○月から平成○○年○月まで毎月末日限り○万円ずつ
(2)　平成○○年○月○○日限り○万○○○○円
3　被告が，前項の分割金の支払を怠り，その額が○万円に達したときは，当然に期限の利益を失い，被告は，原告に対し，直ちに第1項の合計金から既払金を控除した残金及び同項の残元金の残額に対する期限の利益を失った日の翌日から支払済みまで年○パーセントの割合による遅延損害金を支払う。
4　原告はその余の請求を放棄する。
5　原告と被告は，本件に関し，この決定に定めるほか，他に何らの債権債務のないことを相互に確認する。
6　訴訟費用は各自の負担とする。

請求の表示 ❺

原告の被告に対する，○○○○○……残元金○○万円と平成○○年○○月○○日までの未払利息○○円，確定遅延損害金○○円及びその翌日以降の遅延損害金の支払請求

理　　由 ❻

当裁判所は，被告の資力その他の事情を考慮して相当であると認めるので，原告の意見を聴き，民事訴訟法275条の2に基づいて，主文のとおり和解に代わる決定をする。

平成○○年○○月○○日

○○簡易裁判所 ❼

裁判官　○　○　○　○

口頭弁論

（注意事項）❽
当事者は，この決定正本送達の日から２週間以内に異議の申立てをすることができる。適法な異議の申立てがあったときは，この決定は効力を失う。当事者双方から異議の申立てがなく上記期間を経過したときは，この決定は，裁判上の和解（確定判決）と同一の効力を有することとなる。

各記載事項は次のとおりである。

❶　事件番号・事件名

どの事件について、和解に代わる決定をするのか、事件を特定するために事件番号と事件名を記載する。

事件名は、訴状受付時に定まり（原則として、訴状に記載された事件名がそのまま用いられる）、訴えの変更や一部取下げ等により事件の内容が変わっても、訴え提起の時点でいったん定まった事件名がそのまま変更されることなく使用される。事件名は、「○○請求事件」と記載するのが一般的である。

併合事件の場合には、事件番号と事件名を列挙する。

❷　標　題

単に「決定」と記載するのが通例で、「和解に代わる決定」とまでは記載していないのが一般的だと思われる。

❸　当事者の表示

和解に代わる決定は、法275条の２第５項により、異議の申立てがないときは裁判上の和解と同一の効力を有することが定められている。そこで、法267条をみると、確定判決と同一の効力を有することが定められているので、その効力が及ぶ（主観的）範囲を明らかにするために、当事者の表示をすることになる。

当事者は、判決書に準じて、原告、被告の順番に住所（居所）、資格、氏名を記載して特定する。代理人がいる場合には、資格と氏名を記載し、住所は記載しないのが原則である。

ただし、訴状を利用したり、当事者が提出した目録等を利用する場合で、代理人の住所が表記されている場合にはあえて抹消することまではしないのが一般的であろう。

❹　主　文

主文の基本的な流れは次のとおりである。

主文第１項は、和解における確認条項に相当するもので、原告の被告に対する残債務を特定するものである。第２項は、給付条項に相当するもので、第１項で確認した残債務を前提として、その分割支払いを定めるものである。第３項は、期限の利益喪失条項に相当するもので、第２項の分割金の支払いが遅滞した場合の期限の利益の喪失および残元金に対する遅延損害金の支払いを定めるものである。第４項ないし第６項は、和解における末尾３条項に相当するものである。

主文第１項は、前記のとおり、残債務を特定するものであるが、請求の表示で訴訟物が特定されているということもあって、基本的には、「本件債務として……○○万円」という程度の特定で足りると考えられる。

なお、実務上は、「金○○万円」と記載している例が多いと思うが、「……円」と記載されていれば、金額であることが明らかであるから、単に「○○万円」と記載すれば足りると考えられる。

主文第２項であるが、主文第１項で確定した債務の全額について分割払いを定めるのが原則である。分割金額は、被告の支払いやすさや原告の債権管理のしやすさといった点も考慮して、基本的には定額払いとし、端数は第１回目か最終回にもっていくのが通例である。

また、支払方法として、実務上よく用いられる銀行口座への振込みを定める場合には、「原告名義の株式会社○○銀行○○支店の普通預金口座（口座番号○○○○○）に振り込んで支払う」などと記載する。

なお、送達や異議申立期間を考慮して、同期間経過後に分割払いの最初の支払期限がくるように設定するのが原則である。

❺　請求の表示

請求の表示は、和解に代わる決定の効力が及ぶ（客観的）範囲を明確にするために記載する。記載する範囲は、請求に係る訴訟物を特定できる程度ということになる。訴訟費用の負担や仮執行宣言の申立てについては記載しない。記載の方法としては、請求の趣旨と原因とに分けて記載する方法と、分けずに一括して一文で記載する方法とがある。実務上は、後者の記載例のほうが多く用いられているようである。

❻　理　由

和解に代わる決定も、決定である以上、理由を付すべきということになる。もっとも、その記載の程度については、事案や決定に至る経緯、あるいは決定内容によっても異なってくると考えられよう。

記載例は、決定をする以前に、決定内容について当事者双方の了解を得ていることを前提として、和解に代わる決定の要件を中心として、比較的簡略に記載したものである。和解に代わる決定が、原告の請求について当事者間で争いがないことを前提としていること、前記のとおり決定前に決定内容についての当事者双方の了解を得ていること、大量の事件を簡易・迅速に扱う簡易裁判所においては、理由についてもある程度の簡略記載が許されること（判決書については、法280条により簡略記載が認められている）などを前提とすると、基本的には、この程度の理由で足りるのではないかと考えられる。

❼　日付、裁判所名、裁判官名

和解に代わる決定をする日、決定をする裁判所名および裁判官名を記載する。

❽　注意事項

和解に代わる決定については、決定の告知を受けた日から２週間以内に異議の申立てをすることができ、同期間内に異議の申立てがあると和解に代わる決定はその効力を失うこととされている（法275条の２第３項および第４項）。したがって、通常の決定とは異なる取扱いがされているため、民調法17条の調停に代わる決定書に準拠して、異議申立てができること、異議申立期間および異議申立ての効果を決定書に付記するのが実務上の一般的な取扱いではないかと思われる。

なお、和解に代わる決定は、前記のとおり、異議申立てがないと、裁判上の和解と同一の効力、したがって確定判決と同じ効力を有することになる。そのため、注意事項でも「裁判上の和解（確定判決）と同一の効力」と記載している。

⒠　民事調停法17条の調停に代わる決定

従前の実務では、事実関係に争いがない金銭請求事件において、被告が口頭弁論期日に欠席した場合であっても、和解による解決が相当であり、被告も分割払いを希望し、原告も分割払いに応じると譲歩している場合には、裁判所が職権でその裁判を調停に付したうえで（民調法20条。調停が行われている間、当該事件は**中止**となる。民調法20条の３第１項）、民事調停法17条による**調停に代わる決定**により、分割払いを命じる実務処理が行われていた。ところが、この実務の運用は、調停に代わる決定の本来の制度趣旨（調停委員会の調停が成立する見込みがない場合に最後の解決方法を裁判所が決定をもって示すものである）にそぐわないとの批判がなされてきた。しかし、調停に代わる決定によれば、たとえば、口頭弁論期日当日に、被告から「出頭はできないが事実は争わない。分割弁済を希望する」との連絡が入った場合でも、出頭した原告の意見を聴いて、速やかに分割弁済による解決が図れるという機動性があった。

そこで、前記のような批判に対処する一方で、調停に代わる決定が必要とされる実務上の要請を踏まえて、前記和解に代わる決定の制度が創設されることとなったのである。したがって、実務の運用としては、和解に代わる決定の比重が増していくことになるが、なお調停に代わる決定の意義も失ってはいないと思われる。

実務ノート――和解に代わる決定と調停に代わる決定の関係

実務の運用としては、和解に代わる決定が、その要件に該当しないなどの理由によりできないと判断される場合（たとえば、自動車の引渡しを含む条項がある場合などにより、決定の要件を満たしていないと判断される場合）で、かつ、調停に代わる決定を行わないことが当事者双方にとって不利益となるような例外的な場合に限定して用いられるのが相当であると考えられよう。

(F)　当事者双方が欠席した場合

当事者双方が口頭弁論期日に出頭しない場合、あるいは当事者が出頭しても**弁論をなさずに退廷**した場合には、訴訟資料が得られない。このような場合には裁判所はその期日を終了せざるを得ない（なお、この場合であっても、判決の言渡し（法251条2項）はすることができる）。この場合、裁判長は、職権で新期日の指定をすることができる（法93条1項。**延期**である）し、新期日を指定せずに終了することもできる（この状態を**休止**という）。新期日を指定せずに終了した場合には、その後1カ月以内にいずれかの当事者から期日指定の申立てがされないときは、**訴えの取下げ**があったものとみなされる（法263条前段。**休止満了**と呼ばれている）。当事者が連続して2回、同様なことをした場合には、訴えの取下げがあったものとみなされる（同条後段）。

さらに、裁判所は、訴訟が裁判をするのに熟したと考えれば、弁論を終結することもできる（法243条）。

(3)　被告の破産・免責等の訴訟への影響

(A)　破産の申立てをしたとの主張

被告（債務者）が破産の申立てをしたということだけでは、原告（債権者）の請求権の行使を妨げる事由とはならない。ただし、実務上、破産の申立てをしたとして、申立年月日、事件番号等の具体的な主張があると、仮執行宣言を付さない例も多い。

(B)　破産手続開始決定・同時廃止決定があったとの主張

破産手続開始決定がされても、同時廃止の場合には、原告の請求権の行使を妨げることにはならない（破産法（平成16年法律第75号）においては、免責許可申立てについての裁判が確定するまでの間、強制執行等が禁止されるが、その点は訴訟の帰趨には影響しない）。

なお、仮執行宣言を付さないことは(A)の場合と同様である。

問題は、同時廃止の場合に訴訟手続が（破産手続開始決定後廃止決定確定までの間）中断するか否かという点である。旧破産法下における実務の取扱いは、破産法の規定を前提とする限り中断すると考えざるを得ないとする中断説と、同時廃止の場合には、破産手続が実施されず、破産管財人も選任されず、中断する実質的な理由がないとする中断否定説とに分かれていた。破産法下においても依然として両説が考えられるところであるが、破産法216条５項では、即時抗告に執行停止の効力がない旨規定されていることを前提にすれば、同時廃止決定は確定を待たずに、決定とともに効力を生じる（したがって中断しない）と考える余地があるのではないかと考えられる。

いずれにせよ、見解が分かれるところではあるので、具体的な事件処理にあたっては、各裁判官の対応を確認しておく必要があろう。

(C)　免責決定が確定したとの主張

免責決定は確定したときに効力が生ずる。また、確定しても債権者名簿に記載されていない場合には、免責の効力が及ぶか否かが問題となることがある。

訴訟係属中に（弁論終結前までに）、免責決定が確定した旨の主張があると、原告のほうでは、確定の確認をしたうえで、訴えを取り下げるのが通例である。仮に取り下げない場合には、訴えの利益がなくなることを理由として却

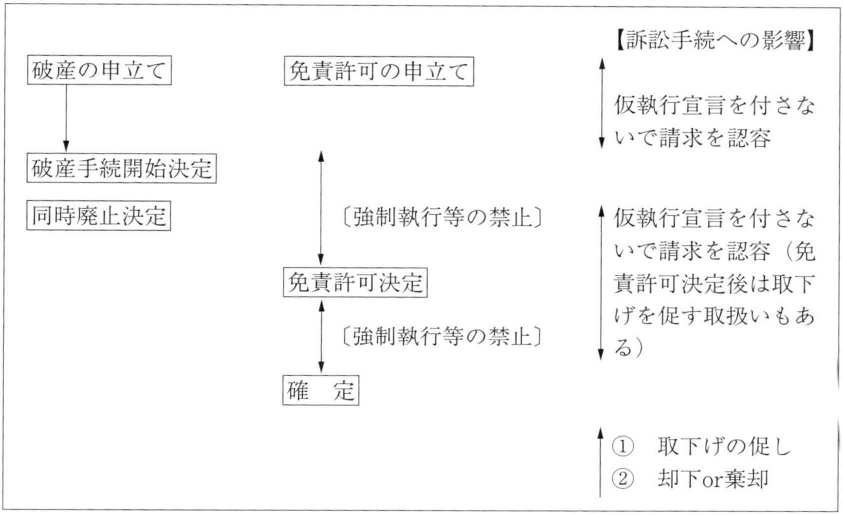

下するという考え方と、請求を棄却すべしという考え方に分かれるようであるが、いずれにしても、原告の請求が認められることはない。

(D)　民事再生手続（小規模個人再生および給与所得者等再生）の手続を進めているとの主張

一般の民事再生の場合には、開始決定によって訴訟手続が中断するが（民事再生法40条1項）、小規模個人再生および給与所得者等再生の場合には、民事再生法40条の適用を除外しており（民事再生法238条・245条）、再生手続に関係なく訴訟手続は進行する。それぞれ、事件番号の記録符号が「再イ」と「再ロ」であるので、それによって区別することができる。

なお、債務名義を取得しても強制執行まではできない。したがって、判決に仮執行宣言を付さない取扱いもある。

(4)　口頭弁論調書

(A)　口頭弁論調書の意義と効力

口頭弁論期日に行われた訴訟行為の内容は、裁判所書記官が作成する口頭弁論調書に記載され、明らかにされる（法160条1項）。民事訴訟は双方審尋主義、口頭主義、直接主義、公開主義が原則であるので（72頁参照）、手続の経過を明確にしておくことは、これらの原則に則って審理が行われたことを担保することにもなるし、上級審の審理のためにも必要となるものである。

このような意義をもつ口頭弁論調書には、口頭弁論の方式に関する規定を遵守したかどうかに関する点について、この調書によってのみ証明力が認められている（法160条３項）。これは、口頭弁論調書に記載のある事項に関しては、他の手段によってそのような事項はなかったことの証明が許されない（逆に記載のない事項に関して、他の手段による証明も許されない）ということである。それだけ、裁判所書記官の公証力の強力性と職務の重要性が認められるところである。

口頭弁論調書の記載について、裁判長または裁判官が訂正変更を命ずることができるが、裁判所書記官は、その命令が正当でないと認めるときは、命令によって訂正等した後に、自己の意見を付記することができることとされている（裁判所法60条５項）ことをみても、その記載内容の信頼性が極めて高いことを表しているものといえる。

(B) 口頭弁論調書の記載内容

調書には、①事件の表示、②裁判官および裁判所書記官の氏名、③立ち会った検察官の氏名、④出頭した当事者、代理人、補佐人および通訳人の氏名、⑤弁論の日時および場所、⑥弁論を公開したことまたは公開しなかったときはその旨およびその理由が記載され（規則66条１項１号から６号。このほか、標題部に期日の回数、訴訟終了事由の付記もされる）、作成者である裁判所書記官の記名押印と裁判長の認印がなされる（規則66条２項）。これらの事項を**形式的記載事項**という。

また、口頭弁論調書の「弁論の要領」欄には、**実質的記載事項**が記載される（規則67条１項）。実質的記載事項は、次のように分類されている（裁判所職員総合研修所監修『民事実務講義案Ｉ〔五訂版〕』96頁以下参照）。なお、規則67条１項２号には審理の計画の内容等についても定められているが、簡易裁判所に係属する事件においてはあまり想定されない事項であることから記載を省略した。

① 弁論に関する事項　訴状を陳述したこと（原告の申立てとそれに関連する事実の主張）と、これに対する被告の答弁および抗弁。原告の証拠の申出、抗弁に対する認否および再抗弁。以下同様な**攻撃防御方法**の陳述。その他、訴えの取下げ、和解、請求の放棄および認諾並びに自白（規則67条１項１号）である。

② 証拠調べの結果　証人、当事者本人および鑑定人の陳述（規則67条１項３号・４号）並びに検証の結果（規則67条１項５号）である。

③ 裁判に関する事項　書面を作成しないでした裁判（規則67条１項７号）、裁判の言渡し（規則67条１項８号）である。

④ 裁判長が記載を命じた事項および当事者の請求により記載を許した事項　規則67条１項６号に規定する事項である。

⑤ 訴訟手続の進行に関する事項　①から④以外で、当事者による攻撃または防御方法の提出の予定その他訴訟の進行を明確にすることにより今後の審理に役立つ事項が記載される（規則67条３項）。

【書式21】　口頭弁論調書の記載例

裁判官認印

第１回口頭弁論調書

事件の表示	平成○○年(ハ)第○○号
期日	平成○○年○○月○○日午後○時○○分
場所及び公開の有無	○○簡易裁判所法廷で公開
裁判官	○　○　○　○
裁判所書記官	○　○　○　○
出頭した当事者等	原告代理人　○　○　○　○
指定期日	（追って指定）

弁論の要領等

裁判官

原告の訴訟代理人申請を許可する。
原　告
1　訴状陳述
2　上申書（平成○○年○○月○○日付け）の内容で民事訴訟法275条の2に基づく和解に代わる決定をしていただきたい。
答弁書陳述擬制
裁判所書記官　○　○　○　○

（注）　弁論を終結したうえで、和解に代わる決定をする場合もある。

(5)　司法委員の訴訟への関与

簡易裁判所が市民にとって親しみやすく利用しやすいものとなっていくためには、手続もわかりやすいものである必要があるが、同時に市民一般の良識に沿うような解決内容である必要がある。民事訴訟の主催者である裁判官も市民の１人として、市民の法感情にもあった適正・妥当な解決に向けて努力しているところであるが、この裁判の場に、市民の中から選ばれた社会経験の豊富な者が立ち会うことによって、さらに市民感情に即した解決を図ることができれば、より簡易裁判所の意義は大きいものとなる。これを実現する制度の１つとして、**民事調停制度**がある。これは、民事調停委員と調停主任である裁判官（民調法の改正により、平成16年１月１日から民事調停官の制度が実施された（民調法23条の２以下））によって構成される調停委員会による、当事者の合意を柱にした紛争解決の方法である。そしてもう１つ、市民が簡易裁判所の訴訟手続に関与する制度として、**司法委員制度**がある。

司法委員は、あらかじめ地方裁判所が毎年「司法委員となるべき者」を選任し、その中から簡易裁判所が、個別の事件ごとに司法委員として指定するもので、特別な資格は必要ない。司法委員も調停委員と同じように、社会の健全な良識がある人であり、必ずしも法律知識は必要ではなく、医療や建築などの専門的な知識を有する人や、それぞれの地域の実情をよく知っている人などから選任されている（法279条３項・４項、司法委員規則１条）。

具体的な事件への関与の仕方については、事件指定方式と期日指定方式とがある。事件指定方式は、特定の事件について司法委員を指定するものであり、市民紛争型事件や少額訴訟事件の場合に比較的多く用いられる方式である。期日指定方式は、開廷日立会方式とも呼ばれ、特定の開廷日に法廷で待機してもらって、その日に行われる事件の中から必要に応じて指定する方式であり、一般には消費者信用関係事件における和解勧試の場合に用いられる方式である。指定を受けた司法委員は、裁判所が和解を試みる場合に当事者に説明したり説得するなどの補助的な役割をしたり、審理に立ち会ってその事件について意見を述べたり（法279条１項）、証人尋問などでは、直接問いを発することもできる（規則172条）。

簡易裁判所の通常訴訟事件では、実際、司法委員が和解に関与して適切な合意に至る事件は極めて多い。さらに、交通事故や建築関係などの専門的な知識が有用な事件の審理にも指定をして立ち会ってもらうことにより、裁判官は、審理に大いに有益な助言を得ているのが実情である。１回の期日で審理を終えることが要請される少額訴訟（法368条以下）の審理においても、司法委員の関与は重要となっている。

第4章

証拠調べ

第4章で扱う手続の流れ

証拠調べ

○原則として口頭弁論期日においてなされる。

○簡易裁判所では3回の口頭弁論期日の審理（争点整理・集中証拠調べ・判決（和解））で終局に至ることをめざしている。

人　証
　当事者本人尋問（法207条～211条）
　証人尋問（法190条～206条）
　鑑定人尋問（法212条～218条）

物　証
　書　証（法219条～231条）
　検　証（法232条～242条）

原告　被告

1　書証――その写しを裁判所の分と、相手方の数分揃えて提出する（規則137条）。

2　その他の証拠調べ――証拠申出書を提出する（法180条、規則99条）。簡易裁判所においては、証拠申出書を提出しなくてもよいと解されている（法276条参照）。

証人尋問

証人の出頭義務（法192条～194条）
　宣誓義務（法201条、規則112条）
　供述義務（法196条・197条）

交互尋問（主尋問・反対尋問・再主尋問、法202条）

裁判長の補充尋問（法202条）、介入尋問（規則113条3項）

書面尋問（法205条、規則124条）

※簡易裁判所における証人尋問調書等の省略（規則170条1項）。

当事者尋問

申立てまたは職権で行う（法207条1項）

陳述書の利用

鑑　定

鑑定事項の確定→鑑定人の指定→鑑定人の

宣誓・鑑定事項の告知→鑑定人から書面または口頭で意見がなされる。

書　証

文書の種類

① 公文書と私文書

② 処分証書と報告証書

③ 原本・謄本・抄本・正本・副本

文書の証拠能力――刑事訴訟法のような規定なし

文書の証拠力

- 形式的証拠力→文書の成立の真正が認められるか否か
  ↓
  推定規定（法定証拠法則）
  - 公文書→成立の真正推定（法228条２項）
  - 私文書→署名または押印があれば成立の真正推定（法228条４項）→二段の推定
- 実質的証拠力→成立の真正が認められた文書につき、その内容が裁判官の心証形成に役立つ

文書提出命令（法221条）

文書送付嘱託（法226条）

検　証

書証の手続準用（法232条、規則151条）

証拠保全

訴え提起前か後か→管轄裁判所（法235条）

1　なぜ証拠調べをするのか

民事裁判は、裁判所が、実体法を大前提として、これに裁判で認定した事実をあてはめて判断し結論を出す、という三段論法の構造をもつ。また、ここにいう事実とは要件事実のことであり、当事者間で要件事実に争いがあれば、原則としてその事実を主張した者が、法律要件分類説を基本として、証明する必要がある。

当事者が事実を証明するに足りたか否かは、裁判官の自由な心証にかかっており（**自由心証主義**。法247条）、その訴訟において、どのような証拠をどの程度裁判官に印象強く示すかが裁判の勝敗を決するといっても過言ではない。その意味で、当事者の立証活動は極めて技術的な要素の一面ももちあわせているといえる。それだけに、裁判所は、当事者に適正な手続で対等に証拠調べの機会を保障していく必要がある。

● ***Check Point*** ―― **自由心証主義** ●

裁判官は、当事者の争う権利の存否について、そのような権利を発生させる事実があるかどうかを認定（**事実認定**）したうえで実体法規を適用して裁判をする。しかし、裁判官は、自分が体験したわけでもない事実について、どうやってそれが「存在する」かどうかの認定ができるのだろうか。その認定方法については、民事訴訟において一定のルールがある。

まず、当事者の**主張**が前提となる。当事者がその事実の存否について主張しなければ裁判所は判断できない（弁論主義の第１テーゼ）。

そのうえで、第１に、当事者が主張した事実について、**自白**が成立した場合および**顕著な事実**の場合には、証拠による証明が必要ない（法179条）ので、裁判所はそのまま事実認定できることになる。ただし、顕著な事実については裁判所は判決の基礎とすることができるにとどまるが、自白の成立した事実については、裁判所は当然に判決の基礎としなければならない（弁論主義の第２テーゼ）。なお、顕著な事実とは、**公知の事実**（歴史上の事件など、社会の一般人が疑いをもたない程度に知れわたっている事実）および裁判所が**職務上知り得た事実**（裁判官が別の裁判で自らなした判決の内容など）のことをいう。

第２は以下に述べるような**証拠調べの結果**によって事実認定する。

そして第３に**口頭弁論の全趣旨**によって事実認定するのである（法247条）。裁判官は、口頭弁論の全趣旨および証拠調べの結果を斟酌して、自由な心証により事実認定をすることができる。これを**自由心証主義**という。

ある証拠を調べた場合、裁判官は、その証拠の証拠価値を判断し、一定の確信に至ることになるが、この過程を**心証形成**といい、この心証形成を**経験則**および**論理則**の範囲内で自由に行えることが自由心証主義の内容である。法は、さらに、弁論の全趣旨から心証形成する場合にも自由心証主義を適用している。弁論の全趣旨というのは、口頭弁論に現れたいっさいの事情（当事者の態度も含まれる）のことであり、裁判官は、争いのある事実について証拠がない場合でも、弁論の全趣旨により事実認定ができる。もっとも、この点については、重要な間接事実や主要事実については証拠調べを経ることなく事実認定すべきでないとする有力な意見がある（伊藤眞『民事訴訟法〔第５版〕』361頁）。

2　証拠の種類

証拠には次のような種類がある。

〔表１〕　証拠の種類

証拠方法		証拠資料
人　　証	当事者本人 証人 鑑定人	供述の内容 証言の内容 鑑定意見
物　　証	文書 検証物	記載内容 検証結果

証人、当事者本人、鑑定人、文書、検証物という証拠調べの対象を**証拠方法**という。これらの証拠方法について証拠調べをした結果、裁判官が（結果として裁判所が）得られる資料を**証拠資料**といい、それにより裁判官が（結果として裁判所が）心証を形成する基礎となった証拠資料を**証拠原因**という。

証拠資料を事実認定のために利用することのできる資格を**証拠能力**という。民事訴訟においては、刑事訴訟のように伝聞証拠（刑事訴訟法320条以下）や違法収集証拠（刑事訴訟法319条）などのような制限は原則としてはない。とはいえ、無制限にこれらの証拠が認められると解すべきではないだろう。さらに、法は、法定代理権または訴訟代理権に関しては書面による証明を求めたり（規則15条・23条）、手形訴訟や少額訴訟において証拠方法の制限をしたり（法352条1項・371条）しているので、このような規定のある場合には証拠能力に制限が加えられる。

また、証拠資料が裁判官の心証形成ないし事実認定に役立つ程度を**証拠力（証明力）**という。

さらに、要件事実（主要事実）を直接証明するための証拠を**直接証拠**といい、間接事実や補助事実を証明するための証拠を**間接証拠**という（間接事実を直接証明するものも含めて直接証拠というのではない）。

● *Check Point*—— 証明と疎明 ●

証明するというのは、証拠によってある事実を明らかにすることをいう。では、どの程度裁判官に確信をもたせるように証明すればよいのだろうか。一方で裁判官の自由な心証によることが認められているだけに、相対的なものとならざるを得ないはずであるが、自由心証も**論理則**と**経験則**の範囲内で行われるのであるから、一般的には裁判官の心証には大差はないと考えてよいだろう。証明は、論理必然的証明（自然科学的証明）までは必要とされておらず、「経験則に照らして全証拠を総合的に検討し、特定の事実が特定の結果発生を招来した関係を是認しうる**高度の蓋然性を証明**することであり、その判定は、**通常人が疑いを差しはさまない程度に真実性の確信を持ちうるもの**であることを必要とし、かつ、それで足りる」（最判昭50・10・24民集29巻9号1417頁（ルンバール訴訟））と解されている。

これに対して、その事実の存在が一応確からしいといえる程度の蓋然性が認められるような当事者の証明行為を**疎明**という。疎明で足りるのは、法が規定している場合に限られる（特別代理人選任要件に関する法35条1項、補助参加の理由に関する法44条1項、除斥・忌避原因に関する規則10条3項など）。疎明によるのは簡易・迅速な証拠調べが要請される事項であることから、即時に取り調べることができる証拠によってしなければならない（法188条）。

3　証拠調べの実施

(1)　証拠の申出

証拠調べは、弁論主義の要請に従い、原則として当事者が申し出た証拠について行われる。

事実を証拠により証明しようとする当事者は、期日の中でも、期日前でも証拠の申出をすることができるが（法180条2項）、訴訟の進行状況に応じて適切な時期にしなければならない（**適時提出主義**。法156条）。時機に遅れるとその申出は却下される場合がある（法157条1項）。

証拠の申出は、証明すべき事実を特定してしなければならず（法180条1項）、双方審尋主義の趣旨から、相手方にも陳述の機会が保障されている（法161条2項、規則88条1項参照）。

証拠申出した場合でも、証拠調べが開始するまでは自由に撤回できる。しかし、その証拠は相手方にとっても有利に利用しうる（**証拠共通の原則**）ので、証拠調べ開始後は相手方の同意がないと撤回できないと解される。証拠調べ終了後は撤回できない。

証拠の申出は、証明すべき事実およびこれと証拠との関係を具体的に明示して書面により提出しなければならないのが原則である（法180条・221条、規則99条1項・106条・107条・129条・137条・150条など）。また、証拠の申出を記載した書面を相手方に直送しなければならない（規則99条2項・83条）。

証拠申出書の提出に関しては、準備書面の提出についての簡易裁判所の特則（法276条1項）が類推されると解されている。したがって、簡易裁判所において証拠申出をする場合には、当事者は口頭で行うことができる。ただし、証人尋問の際に提出すべき**尋問事項書**（規則107条）については、裁判所や相手方の準備のためにも提出を促される場合がある。実務上、呼出しを必要とする証人の場合には、期日呼出状に尋問事項書を添付するということもあって、尋問事項書を提出させていると思われる。また、書証の写し（規則137条）の提出も、解釈上は省略できると考えられるが、書証の写しを提出させる趣旨が、どのような書証を取り調べたのかということを記録上で明らかにするということにあると考えられるので、その趣旨を前提とする限り、省略できないこととなろう。実務は提出を求めている。

【書式22】 証拠申出書

平成○○年(ハ)第○○○号　　貸金請求事件　　直送済
原　告　○　○　○　○
被　告　○　○　○　○

証拠申出書

平成○○年○○月○○日

○○簡易裁判所　御中

☑原告　□被告　○　○　○　○　印

第1　本人尋問の申出
　1　原告本人の表示
　　○　○　○　○　（同行・主尋問 30 分）
　2　立証の趣旨
　　(1)　原・被告間の金銭消費貸借契約締結の事実
　　(2)　○○○○○○○
　　(3)
　3　尋問事項
　　別紙尋問事項記載のとおり

以　上

※該当する事項の□に✓点を付したものに限る。

別　紙

尋　問　事　項（原告本人　　○　○　○　○　　）

1　原告と被告との関係
2　本件消費貸借契約締結の経緯
3　被告の弁済期直前の資力
4
5

以　上

⑵　証拠申出の採否

裁判所は、申し出た証拠が必要でないと認めれば取り調べなくてもよいし（法181条1項）、証人が病気等でいつ証拠調べができるか見込みが立たないような不定期間の障害があるときも証拠調べをしないことができる（同条2項）。このように、当事者から申出のあった証拠を採用するかどうかは、原則として裁判官の裁量に委ねられている。しかし、その**証拠方法がその当事者にとって唯一のもの**である場合には、特段の事情がない限りこれを取り調べなければならないと解されている（最判昭53・3・23判時885号118頁）。

証拠に対する裁判所の採否の決定は、文書提出命令（法223条）と職権による証拠保全決定（法237条）以外には規定されていない。実務では、書証については明示的に採用決定をしていないのが普通である。なお、期日外で証拠の採用決定をする場合は、証拠決定をして、当事者に告知している。この証拠決定は、訴訟指揮に属する裁判と解されており、したがって、いつでも取り消すことができ（法120条）、原則としてこれに対する不服申立てはできない。

⑶　証拠調べ期日

証拠調べ期日は、口頭弁論期日の中でも実施できるし、裁判所が相当と認めるときは、裁判所外で実施することもできる。さらに受命裁判官や受託裁判官に実施させることもできる（法185条、規則104条・105条）。ただし、当事者が立ち会う機会を保障するため、証拠調べを実施する期日と場所を当事者に告知し、呼出しをしなければならない（法94条１項。証拠保全の場合には例外がある（法240条ただし書））。しかし、そのうえで当事者が期日に欠席しても証拠調べを実施することができる（法183条）。

4　証人尋問

⑴　集中証拠調べ

適正・迅速な裁判を実現するための方策として、争点および証拠の整理手続（法164条・168条・175条）と、その後に実施される集中証拠調べ（法182条）が規定される。この手続は、争点の多い地方裁判所の民事訴訟において、早期に争点および必要な証拠調べを明確にして集中的に証拠調べをして審理を充実させようとするものである。この趣旨は、争点も少なく比較的軽微な事件を扱う簡易裁判所にも活かされなければならない。実際多くの事件で、第１回口頭弁論期日での当事者の主張や事情の聴取により争点を把握し、次回の期日において証人尋問および当事者本人尋問が実施され、和解の勧試（法89条）や弁論終結（法243条１項）がなされている。

⑵　証人尋問の意義

証人尋問は、自ら体験した過去の事実を報告する第三者を証拠方法として、その証人の証言内容を証拠資料とする証拠調べである。原告・被告本人および原告・被告の法定代理人（法211条）はその立場では証人ではないし、鑑定人（法212条）も証人ではない。もっとも、特別の学識経験により知り得た事実に関する**鑑定証人**は、証人尋問手続による（法217条、規則135条）。

日本国民はもちろん、外国人であっても、わが国の裁判権の適用を受ける者は、証人として**出頭義務**（法192条ないし194条による罰則・勾引、規則111条）、**宣誓義務**（法201条、規則112条）、**供述義務**（法196条・197条）を負う（法190条、例外として法191条）。わが国の民事訴訟が紛争解決の制度として信頼に足る機能を発揮するための規定である。

実務ノート――宣誓書の内容

宣誓書の基本的な内容は、次のとおりである。

> **宣　　誓**
>
> 良心に従って真実を述べ，何事も隠さず，偽りを述べないことを誓います。
>
> 氏　名　　○　○　○　○

（注）証人と当事者本人の証拠方法としての相違点は、当事者本人については宣誓が任意的であること（法207条後段）、虚偽の陳述をした場合の罰が過料の制裁であること（法209条）といった点があげられる。

(3)　尋問手続

裁判所は、採用した証人を期日に呼び出す（規則108条）。証人が期日に在廷している場合は、呼び出すことなく**在廷証人**として尋問できる。通常は、当事者が同行して在廷させることになる。

裁判長が**人定質問**（氏名、住所、年齢、職業を尋ね、人違いでないかを確認する）を行い、宣誓の趣旨を説明した後、証人に宣誓書を朗読させ（法201条）、かつ、宣誓書に署名押印させる（規則112条）。

尋問は、**交互尋問**の方式による（法202条）。主尋問、反対尋問、再主尋問の関係は〔表２〕のようになる。

このほか、裁判長は、原則として交互尋問終了後に**補充尋問**ができ（法202条）、必要があれば、いつでも自ら尋問（**介入尋問**）し、または当事者に尋問を許すことができる（規則113条３項）。

取調べを予定している証人が数人いる場合は、後に尋問する証人を退廷させるのが原則である（例外：規則120条）。場合によっては、数人の証人を同時に尋問して、陳述の食い違う部分を交互に話させ、真実を明らかにする**対質**（規則118条１項）も行うことがある。

〔表２〕 尋問の種類と関係

規則113条１項１号～３号		規則114条１項１号～３号
主尋問	尋問の申出をした当事者	立証する事項＋関連事項
反対尋問	反対当事者	主尋問に現れた事項＋関連事項＋証言の信用性に関する事項
再主尋問	尋問の申出をした当事者	反対尋問に現れた事項＋関連事項

実務ノート――質問にあたって配慮すべき事項

ⓘ　はっきりと聞き取れるように質問すること。また、証人（当事者本人）の声がはっきりしない場合には、質問者が陳述内容を確認すること。

ⓘⓘ　質問の早さは、通常の会話よりもやや遅めがよい。質問時間が押してくると、早口になる場合があるので、全体的な時間の配分も考えながら質問する。

ⓘⓘⓘ　質問にあたっては、その意図や趣旨がわかるように聞く。

ⓘⓥ　証言と質問が重ならないようにする。

ⓥ　５Ｗ１Ｈを意識する。

ⓥⓘ　一問一答式に質問する。多くのことを一度に聞かない。

ⓥⓘⓘ　なるべく日時の経過に沿って聞く。

ⓥⓘⓘⓘ　事件記録（訴状、準備書面、書証等）に現れていない固有名詞が出てきた場合には、漢字を確認する。

ⓘⓧ　方言による証言が出てきた場合には、標準語に直す等、裁判所が理解できるように工夫する。

ⓧ　証人が動作で証言した場合には、言葉に直して尋問する。たとえば、「どのぐらいの距離がありましたか」との質問に対し、「これくらい」などと手の幅で示した場合には、「○メートルぐらいですか」などと再度確認する。

・禁じられた質問（規則115条２項）

ⓘ　証人を侮辱し、または困惑させる質問

ⓘⓘ　誘導尋問

ⓘⓘⓘ　すでにした質問と重複する質問

ⅳ　争点に関係のない質問
ⅴ　意見の陳述を求める質問
ⅵ　証人が直接経験しなかった事実についての陳述を求める質問
　ただし、ⅱからⅵについては、正当な理由がある場合には許される。
　また、裁判長は、質問がⅰからⅵに違反するものであると認めるときは、申立てまたは職権により、質問を制限することができる（規則115条3項）。

(4)　書面尋問

証人尋問は、口頭でなされるのが原則であるが（法203条本文）、裁判長の許可を得て図面や模型などを利用して陳述することができる（同条ただし書）。さらに、裁判所は、相当と認めるときは、当事者に異議がないことを条件に、書面の提出をもって証人尋問に代えることができる（法205条、規則124条）。老齢者や病人などで出廷が困難な場合や、反対尋問をしなくてもよいような場合に利用できる。

簡易裁判所においては、当事者に異議がないことという要件を緩和させて、裁判所が相当と認めるときは、いつでも、証人、当事者本人または鑑定人の尋問に代えて、書面の提出をさせることができる（法278条、規則171条）。審理の簡易・迅速化に役立たせるための規定であり、書面尋問の方法を、証人だけでなく、当事者本人や鑑定人にまで適用できるとした点に意義がある。

実務ノート――書面尋問手続の概要

ⅰ	当事者	通常の証拠申出をする際に、書面尋問で実施されたい旨の意見を付加する（書面尋問の申出権はない）。
ⅱ	裁判所	書面尋問を実施するか否かの採否の判断。
ⅲ	裁判所	裁判所書記官により、証人等に対し、尋問事項書等が送付される。
ⅳ	証人等	証人等から回答書が返送される。
ⅴ	裁判所	口頭弁論に上程。
	当事者	閲覧・謄写。

【書式23】 書面尋問の説明書・尋問事項書（回答書を兼ねたもの）

尋問事項に対する回答書の提出について

原　告　　〇　〇　〇　〇
被　告　　△　△　△　△

上記当事者間の当庁平成〇〇年(ハ)第〇〇号貸金等請求事件について，裁判所での証言に代えて書面を提出してもらうことに決定されましたので，同封の回答書用紙記載の尋問事項について同用紙に回答を記載して，平成〇〇年〇〇月〇〇日までに当裁判所に提出してください。

なお，記載の際には，次の点に注意してください。

1　回答書は，あなたが自分で記憶している事実をありのまま記載してください。

2　回答書用紙の「(回答)」欄に黒のペンまたはボールペンで自分で記載してください。末尾には，作成年月日を記載し，署名押印してください。

平成〇〇年〇〇月〇〇日
〇〇簡易裁判所民事第〇係
裁判所書記官　〇　〇　〇　〇

△　△　△　△　殿

（返送用郵便切手〇,〇〇〇円分添付）

平成〇〇年(ハ)第〇〇号

回　答　書

1　あなたは，本件の原告である〇〇〇〇さんとは，いつごろからいつごろまで，どのような交際をしていましたか。
(回答)

2　あなたは，〇〇さんと，甲第〇号証として提出されているような内容のメールのやりとりをしたことがありますか。仮に，一部分だけ違うところがあるという場合には，違っている部分を指摘してください。

（回答）

3　あなたは，○○さんにお金を貸して欲しいという依頼をしたことがありますか。
（回答）

（中略）

10　その他，本件についてのあなたの意見がありましたら，記載してください。
（回答）

平成　　年　　月　　日
（氏　名）　　　　　　　　　　　　　印
○○簡易裁判所民事第○係　御中

● *Check Point*――裁判所外における証人尋問等 ●

書面尋問のほかに、受訴裁判所の法廷以外の場所でも証人尋問などができる場合がある。

ⓘ　テレビ会議　　証人尋問、本人尋問および鑑定人尋問について、証人等が遠隔地に居住している場合に、裁判所が裁量により実施できる（法204条・210条、規則123条）。この方法による証人尋問等に要する費用は、当該申出をした当事者が予納する必要がある（民訴費用法12条１項）。

ⓘⓘ　所在尋問　　証人が病気等により裁判所に出頭できない場合や、現地において指示しながら尋問を行う必要がある場合には、裁判所が裁量により裁判所外で証拠調べをすることができる（法185条１項）。検証の際に証人尋問をするなど、この方法をとる例が多い。

ⓘⓘⓘ　電話会議　　少額訴訟において行う証人等の尋問（法372条３項）のほかは、争点および証拠の整理に関する手続である弁論準備手続期日（法170条３項）と進行協議期日（規則96条１項）にしか用いることができない。

5　当事者尋問

(1)　当事者尋問の意義

当事者尋問は、当事者本人またはその法定代理人（法211条）を証拠方法として、本人またはその法定代理人が経験した過去の事実を報告させ、その供述内容を証拠資料とする証拠調べである。当事者本人の陳述は、訴訟主体として主張する場合と（法151条1項1号による陳述は主張である）、証拠調べの結果としての証拠資料となる場合がある。

当事者尋問は、旧民事訴訟法336条では、他の証拠調べを補充するために行う趣旨で設けられていた証拠調べであったが、現行法は、原則として証人尋問から先に行うけれども、適当と認められるときは当事者尋問から先に行ってもよい旨の規定（法207条2項）をおいて、**補充性を緩和**している。当事者は、確かに当該訴訟について密接な利害関係を有するが、だからといって、必ずしもその供述が信頼性がないともいえず、むしろ、より事案の真相を認識する者の供述として証拠価値が高いという面が評価されたといえる。

(2)　尋問手続

申立てまたは職権で行う（法207条1項）。尋問手続は証人尋問のそれに準じているが（法210条）、宣誓は任意的であり（法207条1項後段）、不出頭により、尋問事項に関する相手方の主張の真実擬制が認められる（法208条）。

(3)　陳述書の利用

証人尋問や、当事者尋問で、裁判所や当事者があらかじめ証人等の陳述内容を把握し、効率的に尋問を進めることを目的として、主尋問の部分について陳述書を利用する方法も行われている。もちろん、陳述書を提出したからといって、直ちに主尋問を省略するというわけではない。なお、陳述書には、このような主尋問代用機能のほかに、争点整理機能、事前開示機能がある。

簡易裁判所においては、当事者本人に、弁論をなすべき訴訟主体としての立場と証拠方法としての立場を区別することを期待できない場合が多いので、自分の言い分をすべて書面に書いて提出してもらい、裁判官がその記載内容から弁論事項として陳述できるものは陳述を促し、証拠方法として利用できるものは陳述書の性質があるものとみて、上記のような利用を図るという運用もされている。

⑷ 証人等の陳述の調書記載の省略等

証人、当事者本人または鑑定人の陳述の結果は、裁判所書記官が調書に記載するのが原則である（法160条、規則67条１項３号・４号）。ただし、裁判長の許可があれば、これらの者の陳述を録音テープまたはビデオテープに記録して、**調書の記載に代える**ことができる（規則68条１項）。

簡易裁判所では、審理の簡易・迅速性に資するため、さらに進んで、裁判官の許可がある場合には、これらの者の陳述または検証の結果の**記載を省略**することができる（規則170条１項）。この場合には、裁判官の命令または当事者の申出があれば、裁判所書記官は、録音テープ等に記録しなければならない（同条２項）。この場合の録音テープ等は規則68条の場合と異なり、記録の一部とはならない。

実務ノート――簡易裁判所における証人等の陳述の記録方法

ⅰ　調書に記載する方法（規則67条１項）
ⅱ　調書記載を省略する方法（規則170条）
ⅲ　調書の記載に代わる録音テープ等への記録（規則68条）

6 鑑 定

⑴ 鑑定の意義

鑑定は、特別の学識経験に基づく経験則および裁判所に命ぜられてその学識経験に基づく経験をした認識を報告する第三者を鑑定人として証拠方法とし、その意見を証拠資料とする証拠調べである。この専門的経験則による意見を裁判所の事実認定に役立たせるのである。たとえば、医者が、本件訴訟で問題になっている症例について専門的な立場から意見を述べたり、鑑定を命ぜられて原告を診察し、その結果について意見を述べ、裁判所がこれを事実認定の資料とするような場合である。

(2) 鑑定手続

当事者の申出があると、鑑定事項を確定させたうえで、裁判所等は鑑定人を指定して（法213条）鑑定人を呼び出し、宣誓させ（規則131条）、鑑定事項を告知する。その後、鑑定人は書面または口頭で鑑定事項についての意見を述べる（法215条）、という流れである。

簡易裁判所でも賃料増減額請求事件のように、鑑定を必要とする場合がないわけではないが、当事者の費用の負担や鑑定結果が出るまでに相当な時間を要するといった点も考慮し、簡易・迅速性に即した方法を考えるべきであろう。

7 書 証

(1) 書証の意義

書証は検証と並ぶ物証であり、客観的な存在を裁判官が五感の作用を通じて（書証は視覚であるが）直接に認識できる点で人証と異なる。

書証は、文書という証拠方法により、その記載内容を証拠資料とする証拠調べである。ここにいう文書とは、人が文字その他の記号によって思想、判断または認識を表現した有形物であると定義される。

実務ノート――書証の特定

書証は、符号と番号で特定される。符号は、原告提出分を「甲」、被告提出分を「乙」とする。したがって、実務上は、売買契約書や登記簿謄本といった名称ではなく、「甲１号証」、「乙１号証」といった呼び方をする。また、たとえば被告が２人の場合に「乙Ａ１号証」「乙Ｂ１号証」などとすることもある。

⑵　文書の種類

文書には、①公文書・私文書、②処分証書・報告証書、③原本・謄本・抄本・正本・副本、などの種類がある。

①の**公文書**は、公務員がその権限に基づき、職務の執行として作成した文書であり、それ以外のものが**私文書**である。この区別は、その**成立の真正の推定**に関し重要である。

②の**処分証書**とは、意思表示その他の法律行為が行われたことを示す文書で、判決書、契約書、遺言書などがこれにあたる。**報告証書**は、作成者の見聞、判断、感想などが記載された文書で、登記簿謄本（登記事項証明書）、日記、診断書などがその例である。

③の**原本**は、その作成主体自身が最初に作成したもので、思想内容を記載した文書である。**謄本**は原本の全部を、**抄本**は原本の一部をそれぞれそのまま物理的または電磁的に写しとったものである。**正本**は謄本の一種で法定された場合に作成される（法255条２項など）。**副本**は原本の一種で原本の送達のために作成される（規則58条等）。

⑶　文書の証拠能力と証拠力

書証には、その文書が証拠方法として証拠調べの対象となる資格があるかどうかという**証拠能力**の問題と、証拠能力があることを前提に、その文書がある事項を証明するためにどの程度証拠としての価値があるかという**証拠力**の問題がある。

(A)　文書の証拠能力

民事訴訟においては、刑事訴訟のように証拠能力を制限する規定（刑事訴訟法321条ないし323条）がおかれていない。民事訴訟においては、その文書の作成過程に違法性がある場合でも、裁判官が自由な心証によって証拠価値を評価すれば足りると解されている。

(B)　文書の証拠力

⒜　形式的証拠力

⑴　意　義

習字のために作成された文書に形式的証拠力はない。つまり、文書の作成者が思想内容の表現のためにその意思に基づいて記載したと認められるときに**形式的証拠力**があると認められ、その**文書の成立が真正**であるとされる。

当事者がある事実を証明しようとして文書を提出すると、裁判所は、相手方に、その文書の成立の真正（作成名義人の意思に基づいて作成されたものであること）を認めるかどうかを確認する。これを相手方が認めれば、裁判所は、その成立が真正なものであるとして扱うことができる。ただし、この自白は、**補助事実**に関するものであり、裁判所は自白に拘束されないと解されている。

これを相手方が争う（否認または不知）と、その成立が真正であることを証明しなければならない（法228条１項）。もっとも、文書の成立を否認する者は、その理由を明らかにしなければならないし（規則145条）、文書の成立の真正を故意または重大な過失により真実に反して争ったときには過料の制裁もある（法230条）ので、慎重に認否すべきである。

文書の成立が真正であることを認定することについては、次のような**推定**規定がある（**法定証拠法則**）。これは、経験則上法が規定する文書は真正に成立した蓋然性が高いと考えられているのである。

㈺　公文書

公文書については、成立の真正が推定される（法228条２項）。これに疑いがあれば、裁判所は職権で当該官公署に照会できる（同条３項）。

㈻　私文書

私文書は、本人またはその代理人の**署名または押印**があれば成立の真正が推定される（法228条４項）。前記のとおり、文書の成立の真正、すなわちその文書が作成名義人の意思に基づいて作成されたことが争われたときは、これを証明しなければ証拠として認められない。この点、本条は、私文書上の署名または印影につき、作成名義人本人またはその代理人が署名または押印したものであることが認められた場合には、その文書はこれらの者の意思に基づいて真正に成立したものであることが推定されると規定している。したがって、挙証者は、文書中に現れた署名または印影が、本人またはその代理人の意思に基づいている事実を証明すれば、その文書の記載内容まで本人またはその代理人の意思によって作成したもの、つまり真正に成立したものと推定を受けるというわけである。ただし、この推定規定は、**事実上の推定**と解されているので、**反証**をあげることで推定を覆すことができる。

さらに、その文書中の**印影**が作成名義人本人またはその代理人の印章により顕出されたという事実が確定されたときは、反証がない限りその印影は本人またはその代理人の意思に基づいてなされたものと事実上推定され、その結果、法228条４項の推定を受けるとされている（最判昭39・５・12民集18巻４号597頁）。その文書中にある印影が名義人本人またはその代理人の印章でなされたことが認められれば、それだけで文書の成立の真正が推定されてしまうのである。これは**二段の推定**と呼ばれている（〈図３〉参照)。

たとえば、法廷で次のようなやりとりがあった場合を考えてみよう。

① 原告（墨田一郎）
甲１号証（契約書）提出
② 被告（山本孝夫）
ⓐ 甲１号証の成立について否認する。
ⓑ 白紙に署名押印させられたものである。

被告が、全く白紙の状態で署名押印したと述べているので、この文書は何者かが偽造（文書の作成名義を偽ること）したということになるのだろう。しかし、被告は署名押印については自分の意思に基づいて行ったことを自白しているので、法228条４項により、この契約書は真正に成立したものと推定を受けてしまう。そこで、被告は、その署名押印のときに白紙であった事実、あるいは誰かが偽造したらしい事実などをあげ（**間接反証**と呼ばれるが、前述のとおりこれらの事実は補助事実なので反証者に証明責任があるわけではない)、真偽不明にすることで、この推定を覆すことができる。この場合でも、先ほ

〈図３〉　二段の推定の事例

借用書	
墨田一郎　殿 本日金50万円借りました。平成○年○月○日までにお返しします。 平成○年○月○日 山本孝夫　㊞	①　印影が山本孝夫の印章によるものであることが自白または証明により認定される ↓ ②　印影が山本の意思に基づいて顕出されたものと事実上の推定を受ける（最判昭39・5・12）（一段目の推定） ↓ ③　山本が押印したと推定されるので、この契約書は真正に成立したものと推定される（法228条４項）（二段目の推定）

ども述べたとおり、裁判所は当事者の自白に拘束されずに文書の成立の認定ができる。

では、次のような場合はどうか。

①　原告（墨田一郎）
　甲１号証（契約書）提出
②　被告（山本孝夫）
　ⓐ　甲１号証の成立について否認する。この契約書は、弟義男が勝手に偽造したものである。
　ⓑ　この文書の署名や、印影が私の印章によるものであることも否認する。

被告は、この文書中の署名押印は自分がしたものではなく、さらにはここにある印影が自分の印章によるものではないとして、この文書の成立を否認している。否認の理由として、弟が偽造したことを述べている（積極否認。規則145条）。原告がこの文書が真正に成立したことを認定してもらうためには、①この文書が被告の意思によって作成されたものであること、②この文書中の署名または押印が被告の意思によってなされたものであること、または③この文書中にある印影が被告の印章によってなされたものであること、のいずれかを証明する必要があることになる。そして、③の事実が認められれば、反証がない限り②の事実が推定され（事実上の推定、第一段目の推定）、これにより①の事実が推定されて（法228条４項の推定、第二段目の推定）、特段の事情のない限り、この文書は被告の意思で作成したものと推定されることになる。

これに対し、被告は、反証（弟義男が金に困っていた事実、弟義男が偽造したらしい事実などの立証。間接反証）により、原告の主張を真偽不明にすることができるのである。

実務ノート——形式的証拠力のポイント

Ⅰ　処分証書と報告証書

(i)　処分証書

ⅰ　意思表示その他の法律行為が記載されている文書

ⅱ　例　　手形・小切手、契約書、解約通知書、契約解除の通知、内容証明郵便による催告

ⅲ　機能

㋐　形式的証拠力が認められると、法律行為の存在が認定される。

㋑　形式的証拠力が認められれば、当該文書の記載内容について実質的証拠力が認められる。

㋒　処分証書について残る問題は、文書の解釈という問題だけである。

(ii)　報告証書

ⅰ　作成者の見聞、判断、感想などが記載されている文書である。

ⅱ　例　　受領証、領収証、商業帳簿、日記、診断書、手紙、陳述書

ⅲ　機能　　形式的証拠力が認められても、実質的証拠力が認められるとは限らない。具体的な文書によって実質的証拠力の判断をしていく必要がある。

Ⅱ　形式的証拠力

形式的証拠力の取得

↑

真正な成立 ← 直接の立証 ← 反証（アリバイ）
↑（法228条４項の推定）← 間接反証（署名捺印のある白紙の悪用、改ざん）
本人の意思に基づく捺印 ← 直接の立証 ← 反証（アリバイ）
↑（印影成立の推定）← 間接反証（印の無断借用、委託外使用）
本人の印章による印影 ← 反証（他人の印、印の共用）

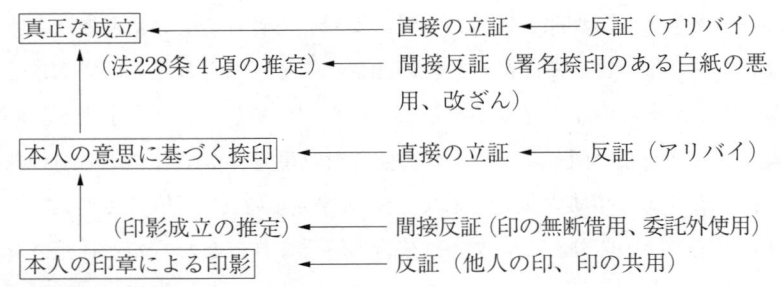

Ⅲ　推定規定の概要

ⅰ　文書の成立の真正につき、推定規定が働いても、文書の記載内容の真実性まで推定されるわけではない。

ⅱ　文書の成立の真正を立証する方法に制限はない。

ⅲ　推定規定を破るためには、裁判所に文書の成立の真正について疑いを抱かせる程度の反証をあげれば足りる。

Ⅳ　署名または押印による成立の推定（法228条４項による推定）

ⅰ　単に、以下の主張・立証があるだけでは破られない。

㋐　本文の記載は署名者または捺印者がしたものではないということ

㋑　署名者または捺印者が署名または捺印した際に本文に目を通さなかったということ

㋒　本文は後日第三者によって記載されたものであるということ

ⅱ　推定を破るためには、さらに、次の㋐あるいは㋑の立証が必要である。

㋐　署名または印影のある白紙を他人が悪用し、または署名者・捺印者から委託された事項以外の事項を加えて記入して、文書として完成させたものであること

㋑　文書の記載が後日改ざんされたとの疑いを生ぜしめる程度の事柄

ⅲ　判決書の記載方法

「甲第○号証の被告の氏名については、被告本人尋問の結果によって、これが被告の自署によるものであることを認めることができるから、真正に成立したものと推定すべき甲第○号証」

Ⅴ　二段の推定

ⅰ　本人の印章と文書に押されている印影が一致している場合。

ⅱ　印章は認め印でもよい。もっとも、実印等に比べ推定の働く度合いが低い。

ⅲ　印章が共用または共有の場合には二段の推定は働かない。

ⅳ 判決書の記載方法

「甲第○号証の被告名下の印影が被告の印章によるものであることは当事者間に争いがないので、その印影は被告の意思に基づいて顕出されたものと推定されるから、真正に成立したものと推定すべき甲第○号証」

ⅴ 推定が破れる場合

推定は、本人の印章を他人が勝手に使用することは通常はあり得ないという日常生活上の経験則を基礎としている。

したがって、この経験則の適用を躊躇させる事情が認められれば推定が破られる。

具体的には、㋐本人保管中の印章の紛失・盗難――盗用型、㋑本人が当該文書作成以外の目的で他人に預けていた印章が冒用された場合――冒用型がある。

盗用型では、盗取の可能性が認められれば十分であり、冒用型では、他人に当該文書作成以外の他の目的で印章を預けていたことにつき、確信を抱かせることが必要である。

(b) 実質的証拠力

真正に成立したことを前提に、その文書の内容が裁判官の心証形成に役立つ効果を**実質的証拠力**という。いわば文書の証拠価値のことで、この価値については裁判官が自由な心証により評価していく。たとえば、売買契約成立の事実を立証するために、売買契約書を提出する場合と自分の日記帳を提出する場合のどちらが実質的証拠力をもつかという問題である。

一般に契約書のような**処分証書**は、形式的証拠力が認められれば、文書の作成者の意思どおりの法律行為がなされたことが証明され、直ちにその記載内容どおりの事実が認められることになろう（相手方は、それ自体に反証する余地がないのが通例であろう）。しかし、相手方が、意思表示そのものの瑕疵や、意思表示の取消しなどを理由に争うことはもちろん可能である。

一方、**報告証書**は、形式的証拠力が認められても、その記載内容の証拠価値については、作成者の作成時の状況や記載内容と証明を要すべき事実の関係などを総合的に考慮して判断されることになるので、相手方は、反証をあげることにより、その記載内容の真否を争うことができる。

(4) 書証の手続

文書の証拠調べは、当事者が、原則として口頭弁論期日に（法185条は例外）文書の原本、正本または認証ある謄本を提出して申し出る（法219条、規則143条）。これを裁判官が閲読することで証拠調べが行われる。なお、原本の存在および成立に争いがない場合には、相手方に異議がないことを条件に、**原本に代えて写しを提出**することができる。これにより原本を取り調べたことになる。

書証の申出をする際には、文書の写し２通（裁判所分と相手方分）を提出しなければならない（規則137条１項）が、これと、原本に代えて写しを提出できる場合とを混同しないように留意されたい。

実務ノート――写しによる書証の申出

写しによる書証の申出には、２つの場合がある。１つは、写しを原本として書証の申出をする場合であり、もう１つは、原本に代えて写しを提出する場合である。いずれの場合も、写しの元となった文書の思想内容を証拠資料とするために提出することになる。

写しを原本として提出する場合は、成立の認否は写しの作成者について問うことになる。したがって、成立の真正は問題なく認められるため、形式的証拠力はあるものの、写しという性質上、実質的証拠力が弱くなるという面があろう。そこで、原本の存在とその成立の真正についてもあわせて立証することによって、その証拠力を高めることになる。

原本に代えて写しを提出する場合には、当事者間において原本の存在およびその成立に争いがないこと、その写しをもって原本に代えて証拠とすることに異議がないことの２つの要件をクリアする必要がある。クリアできなければその申出は却下されることになる。この場合には、証拠能力が認められれば、原本を取り調べたことになるので、写しを原本とする場合と異なり、証拠能力を付与することが、まず第１となる。

当事者が文書を提出するには、①挙証者が持っている文書を提出する方法（法219条前段）、②文書提出命令（同条後段）による方法、③文書送付嘱託

（法226条）による方法がある。

⑸ 文書提出命令

文書提出命令は、挙証者が持っていない文書を相手方または第三者が所持している場合に、その所持者に対して、裁判所が文書の提出を命ずる証拠調べの方法である。挙証者が、自分の所持していない文書を利用しうる途を開いた手続である。

その前提として、文書の所持者には**文書提出義務**が負わされる（法220条本文）。もっとも、文書の所持者のプライバシーや職務上の秘密を侵害することにもなるので、その調整を図る必要がある。

法220条１号ないし３号は、旧民事訴訟法の規定を承継するものであって、文書の所持者の限定的義務である。しかし、公害訴訟や製造物責任訴訟に例をみるように、より強力な個人の証拠収集力が求められる現代の民事訴訟において、文書提出義務の拡大が要望されていた。そのため、法220条４号は、これを受けて文書提出義務を証人義務と同様に一般的義務とすべく規定されたものと解されている。同号によれば、イないしホに列挙する事項以外の文書の所持者に提出義務が課される。もっとも、これらの文書提出命令の申立ては、その必要性がなければ認められない（法221条２項）。

さらに、文書提出命令の申立てにあたっては、文書の表示、文書の所持者、証明すべき事実、文書の提出義務の原因を明らかにしなければならない（法221条１項、規則140条１項）。

文書提出命令が出されてこれに応じない場合には、それが相手方であれば、当該文書の記載に関する申立人の主張を真実と認められてしまうし（法224条）、第三者であれば、過料の制裁が科されることになる（法225条）。

実務ノート――文書提出命令申立ての流れ

（参考１） 実務上、訴訟の相手方が文書を所持していると考えられる場合には、文書提出命令の申立てをすることなく、口頭弁論期日において口頭や文書（準備書面等）により、当該文書の提出を求める例が多い。裁判所も、それを受けて、訴訟進行上必要な文書と判断した場合には、所持者に対し、任意の提出を時には強く促すことになろう。

（参考２） 文書提出命令申立ての流れ

文書提出命令申立て

↓（相手方による意見書の提出）

申立書の審査　ⅰ文書の存在・所持

当該文書が作成され、それを相手方が所持していることを申立人が主張・立証する

ⅱ取調べの必要性

取調べの必要性は、裁判所の裁量によるので、合理的な理由があれば取調べの必要がない。

ⅲ文書提出義務の存在

↓

（注） 審査の結果、要件を満たしていない場合には、却下決定となる。これに対して即時抗告可。ただし証拠調べの必要性がないことを理由とする却下の場合、必要性があることだけを理由として不服申立てすることは不可

↓

文書提出命令（申立ての一部あるいは全部）

↓

提出　（注） 不提出の場合

ⅰ 裁判所は、申立人の当該文書記載に関する主張を真実と認めることができる。

ⅱ 申立人において、当該文書の記載に関する具体的な主張が著しく困難で、かつ、他の証拠により証明することが著しく困難。

↓

裁判所は、申立人が当該文書により証明すべき事実の主張を真実と認めることができる。

⑹ 文書送付嘱託

挙証者が所持しない文書は、**送付嘱託**の方法によっても提出できる（法226条）。この申立てについては、法221条１項１号ないし４号の規定が類推

適用され、所持者が、この嘱託に応じなくても制裁や強制手段はない（なお、診療録のように診察を受けている者の秘密を保護する必要があることなどを理由として拒絶される場合があるが、保護の対象者からの承諾書が提出されることによって、嘱託に応じてもらえる例もある）。

8 検 証

⑴ 検証の意義

検証は、裁判官が自己の五感の作用によって、直接物の形状・性質・状況などを認識し、その結果を証拠資料とする証拠調べであり、書証と同じく物証の一種である。書証が文書の記述内容の思想を対象とするのに対し、同じ文書でも、検証は、その形状や筆跡などをその対象とする点で異なる。

⑵ 検証の手続

検証は、書証の手続規定が準用される（法232条、規則151条）。当事者が検証の目的を表示して検証を申し立て、裁判所が検証物提示命令（法232条・223条）や検証物送付嘱託（法232条・226条）をする方法で行われる。検証は、裁判所外で実施したり、受命裁判官等に実施させることもできる（法185条）。

実務ノート――簡易裁判所における検証

簡易裁判所においては、不動産関係事件であっても、簡易・迅速に事件を処理するという要請等もあって、正式な検証まで行う例は少ないであろう。実務上は、検証に代わる方法として、進行協議期日等を指定し、事実上現地を確認するといった、いわゆる事実上の検証が行われる例が多いと思われる。

9　証拠保全

⑴　証拠保全の意義

以上にみた証拠調べは、本案の裁判の中で行われることを予定している。しかし、それまで待っていては、証拠調べが不可能または困難になるおそれがある場合がある。たとえば、証人が老齢で重篤な病気であるとか、医療過誤訴訟が予定される場合に病院のカルテの検証が必要となったりする場合である。このような場合に、訴訟が提起されていなくても、あらかじめ証拠調べを行い、その結果を来るべき訴訟に利用するために保全しておく手続が証拠保全である（法234条）。

最近では、この手続が証拠の開示のために利用されることがある。これは本来の証拠保全の趣旨の範囲を超えるが、これにより和解が成立するなどして紛争解決を図れる可能性はある。一方で相手方の不測の不利益も指摘されるところである。

⑵　証拠保全の手続

原則として当事者の申立てにより開始される（法234条、規則153条、例外として法237条）。

訴え提起前の申立ては、保全の対象の所在地を管轄する地方裁判所または簡易裁判所が管轄裁判所となる（法235条２項）。訴え提起後であれば、その証拠を使用すべき審級の裁判所が管轄裁判所となるが（法235条１項本文）、急迫の事情があれば、法235条２項による裁判所を管轄裁判所とすることができる（法235条３項）。

証拠保全決定がなされれば、証拠保全は書証、証人尋問、検証などの証拠調べの手続によって実施される（法234条、規則152条）。証拠保全手続を受訴裁判所が行うべき場合には（法235条１項ただし書）、受命裁判官によって実施させることができる（法239条）。

【書式24】　証拠保全決定

証拠保全決定

当　事　者　　別紙当事者目録記載のとおり

上記当事者間の平成○○年(サ)第○○号証拠保全申立事件について，当裁判所はその申立てを理由のあるものと認め，次のとおり決定する。

主　　　文

1　東京都○○市○○○１丁目２番３号所在の○○病院に臨み，相手方保管の申立外○○○○の診療（診療期間平成○○年○月○○日から同年○月○○日まで）にかかる診療録，看護記録，医師指示票，諸検査結果票，診療日誌，処方箋，手術記録，Ｘ線写真その他上記診療に関して作成された一切の書類について検証する。

2　相手方は，上記検証物を証拠調期日に現場において提示せよ。

3　上記証拠調期日を平成○○年○○月○○日午後○時と指定する。

平成○○年○○月○○日

○○簡易裁判所

裁　判　官　　○　○　○　○

第5章

訴訟の終了

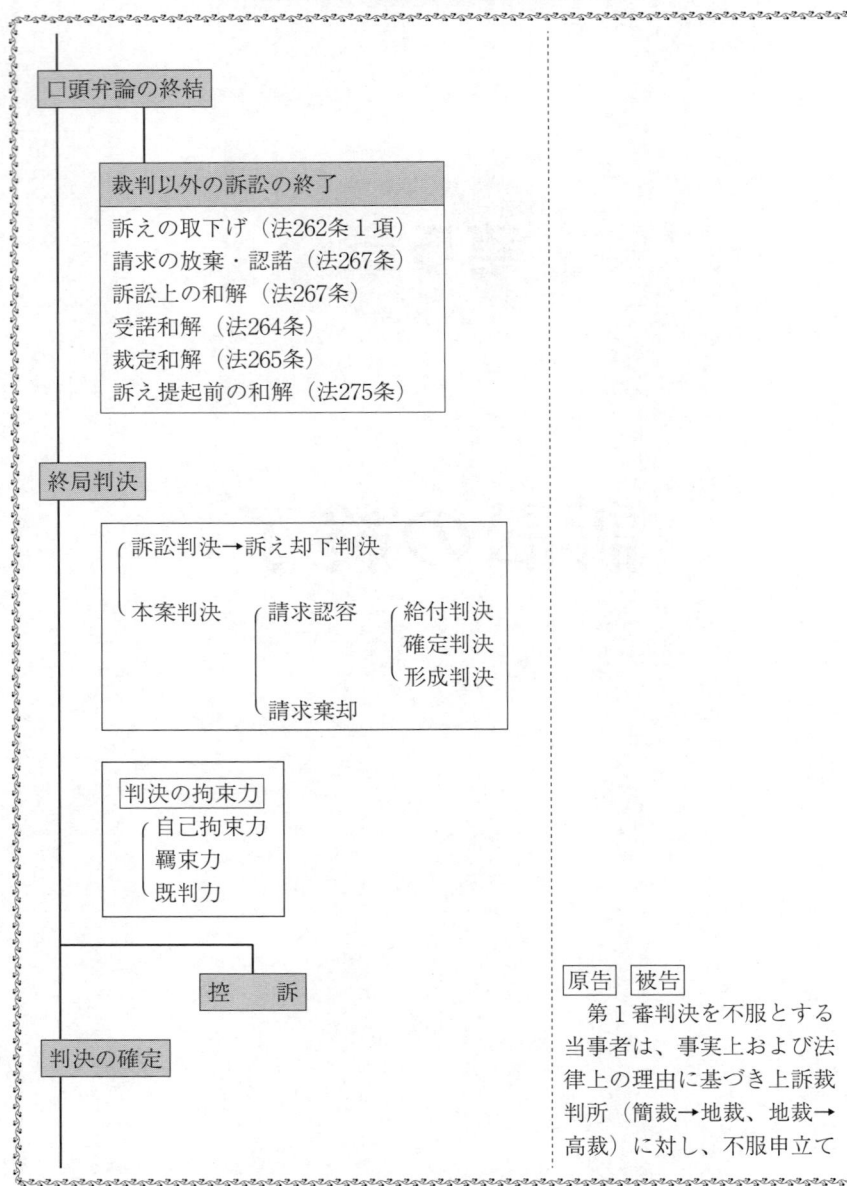

第5章で扱う手続の流れ

口頭弁論の終結

裁判以外の訴訟の終了

- 訴えの取下げ（法262条1項）
- 請求の放棄・認諾（法267条）
- 訴訟上の和解（法267条）
- 受諾和解（法264条）
- 裁定和解（法265条）
- 訴え提起前の和解（法275条）

終局判決

- 訴訟判決→訴え却下判決
- 本案判決
  - 請求認容
    - 給付判決
    - 確定判決
    - 形成判決
  - 請求棄却

判決の拘束力

- 自己拘束力
- 羈束力
- 既判力

控　訴

判決の確定

原告　被告

第1審判決を不服とする当事者は、事実上および法律上の理由に基づき上訴裁判所（簡裁→地裁、地裁→高裁）に対し、不服申立て

確定判決の効力
1　形式的確定力（法116条）
　実体的確定力（既判力。法114条・115条）
2　執行力（民執法22条１項・２項）
3　形成力

をすることができる（法281条）。

↓

適法な控訴がなされると、第１審判決の確定が遮断され、事件は控訴審に移審する。

強制執行の準備

債務名義（民執法22条）
執行文（民執法25条本文、民事執行規則16条）

強制執行の種類
- 非金銭債権の強制執行
  - 物の引渡債権（民執法168条・169条）
  - 目的物を第三者が占有する場合の引渡し（民執法170条）
  - 代替執行（民執法171条など）
  - 間接強制（民執法172条）
  - 意思表示の擬制（民執法174条など）
- 金銭債権の強制執行
  - 不動産（民執法43条～111条）
  - 自動車（民事執行規則48条など）
  - 動産（民執法122条～142条）
  - 債権（民執法143条～166条）
  - その他の財産権（民執法167条）
  - 少額訴訟債権（民執法167条の２～167条の14）
  - 物の引渡請求権（民執法162条など）

1　終局判決

当事者の申立て（訴え提起）によって開始した訴訟手続は、当事者の自主的な紛争解決により終了する場合と、裁判所が公的な立場から最終的な判断を下すことにより終了する場合がある。後者を**終局判決**という。

裁判所は、当事者から申立てがなされた以上、取下げ、和解などにより当事者が自主的に訴訟手続を終了させない限り、**終局判決**によって申立ての適否を判断し、訴訟を終了させることになる。これが**裁判の三段論法**（3頁参照）にいう裁判所の判断の一場面である。

(1)　裁判の種類

裁判所の判断である裁判には、**判決**、**決定**、**命令**がある。判決と決定は、裁判所（単独体か合議体かを問わない）が行い、命令は裁判長、受命裁判官または受託裁判官が行う。裁判所は、判決によって判断を示す場合には、原則として口頭弁論を開かなければならず（**必要的口頭弁論**。法87条1項本文）、判決の言渡しは公開の法廷で行わなければならない（法250条・251条）。これに対し、決定および命令は、裁判所が口頭弁論を開くかどうかを裁量で決められる（**任意的口頭弁論**。法87条1項ただし書）。

第1審の終局判決に対する不服申立てとして、**控訴**（法281条以下）の手続が認められている。これに対し、訴訟手続に関する決定、命令に対する不服申立てとして**抗告**が認められている。もっとも、**抗告**は、すべての決定、命令に対して認められるものではなく、①口頭弁論を経ないで訴訟手続に関する申立てを却下した決定、命令に対して認める場合（法328条1項）、②決定や命令という形式では裁判ができない事項について決定や命令がなされた場合（同条2項）のほかは、③特別の規定がある場合（法21条・25条5項・75条7項・86条など）に認められるだけである。抗告は、**通常抗告**と**即時抗告**（法332条）、**最初の抗告**と**再抗告**（法330条）の区別が主要なものである。

⑵　判決の種類

判決にはいくつかの種類がある。その関係は次のようになっている。

〈図４〉　判決の種類

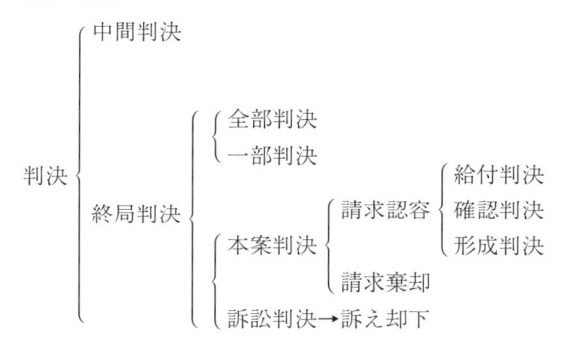

- 判決
  - 中間判決
  - 終局判決
    - 全部判決
    - 一部判決
    - 本案判決
      - 請求認容
        - 給付判決
        - 確認判決
        - 形成判決
      - 請求棄却
    - 訴訟判決→訴え却下

⒜　終局判決と中間判決

裁判所が、当事者の請求の当否について判断する**終局判決**（法243条）に至る前に、独立した攻撃・防御方法などの争点について終局判決に先立って解決する目的で行われる**中間判決**（法245条）がある。中間判決に対しては、当事者はこれに対する上訴ができず、一方、裁判所はその主文で示した判断に拘束され、これを前提に終局判決をすべきことになる。

⒝　全部判決と一部判決

訴訟手続は、終局判決により、事件の全部または一部について当該審級の審理を完結する。１つの訴訟手続の中で求められている請求の全部について完結させるのが**全部判決**であり、その一部についてなされるのが**一部判決**である。一部判決をした場合には、残部の請求については審理が続行される。複数の被告のうち、期日の呼出し等が完了した被告のみの**弁論を分離**（法152条１項）して審理し、終局判決することはよく行われる。

⒞　本案判決と訴訟判決

原告の求める請求について、実体法上の権利義務の存否について判断することとし、理由ありとして認容判決をするか、または理由なしとして請求棄却判決をするかの、いずれかの判決をする場合を**本案判決**といい、その判断をする前提として、訴訟要件を欠く場合に、いわば門前払いの形で訴えを不適法却下する判決を**訴訟判決**という。

(3) 判決書

判決の言渡しは、判決書の原本に基づいてする（法252条）。判決書（【書式25】参照）には❶主文、❷事実、❸理由、❹口頭弁論の終結の日、❺当事者および法定代理人、❻裁判所を記載し（法253条1項）、❼判決をした裁判官が署名押印をする（規則157条1項）。❷の事実の記載については、請求を明らかにし、必要な主張も摘示しなければならない（法253条2項）。

前記のとおり❶の主文は、当事者の申し立てた請求に対応して、裁判所の判断が示される部分である。

❷の事実については、訴訟物について判断する必要があることから、その記載は、請求を明らかにし、必要な主張も摘示しなければならない（法253条2項）。したがって、訴訟物を確定する原告の主張である請求の趣旨とこれに対する被告の応訴態度である請求棄却の答弁、請求原因事実とこれに対する被告の認否、被告の抗弁とこれに対応する原告の認否、というように両当事者の主張を整理したものを順次記載することになる。

この点、**簡易裁判所の判決書**については、❷の事実および❸の理由の記載については、請求の趣旨および原因の要旨、その原因の有無並びに請求を排斥する理由である抗弁の要旨を表示すれば足りることになっている（法280条）。【書式25】の判決例には、「事実及び理由」の❽**請求の表示**の記載（請求棄却判決の場合は、請求の表示を記載する）の後に、❾**事案の概要**が記載されている。その中で、請求の原因の要旨を述べ、❿**争点**（被告が否認したり、抗弁を主張したりしている事項）を簡潔に示し、最後にその⓫**争点に対する判断**を示すという構造になっている。争点が少ない場合や複雑でない場合には、当事者の主張をすべて記載するよりも、このような記載のほうが裁判所の判断が明確になるという利点がある。

この点については、地方裁判所においても**新様式判決**の作成が実施されており、事案の概要、当事者に争いのない事実、争点の内容などを整理して記載することにより、争点が何であるかを示すことを中心に**裁判書の簡素化**が図られている。また、❸の理由は、裁判所が主文の結論に至った事実上および法律上の根拠を明らかにすべき部分である。新様式判決は、この部分に関しても中心的な争点についての判断を示すことで簡素化を図っている。

【書式25】　判決例――請求棄却（【書式１】に対応）

平成○○年○○月○○日判決言渡　同日原本領収　裁判所書記官
平成○○年(ハ)第○○○○号　保証債務履行請求事件
口頭弁論終結日　平成○○年○○月○○日　❹

判　　　決

東京都○○区○○１丁目１番１号
（送達場所　○○市○○１丁目２番３号　○○ビル３階）❺
原　　　　　告　株式会社○○クレジット
代表者代表取締役　○　○　○　○
代　理　人　支　配　人　○　○　○　○
○○県○○市○○23番34号
被　　　　　告　○　○　○　○
訴訟代理人司法書士　○　○　○　○

主　　　文　❶

１　原告の請求を棄却する。
２　訴訟費用は原告の負担とする。

事実及び理由　❷❸

第１　請求　❽
　被告は，原告に対し，78万6558円及びこれに対する平成29年12月30日から支払済みまで年６パーセントの割合による金員を支払え。
第２　事案の概要　❾
　１　請求原因の要旨
　訴外○○○○（以下「訴外○○」という。）が，訴外○○自動車販売株式会社（以下「訴外販売会社」という。）から自動車を購入するに当たり，被告を連帯保証人として原告と訴外○○が平成13年7月14日締結した立替払契約に基づき，原告が訴外販売会社に対し立替払いしたことによる立替金残金78万6558円について，原告の被告に対する同額の給付請求とこれに対する付帯の請求

2　争点 ❿

本件連帯保証の成否

第3　争点に対する判断 ⓫

原告と訴外○○との間で作成されたとする立替払契約書（甲1）中の連帯保証人欄には，被告の署名・押印があるが，同署名が被告によってなされたこと及び同名下の印影が被告の印章によるものであることを認めるに足りる証拠はなく，同保証委託契約書中，被告の連帯保証部分が真正なものであることを認めるに足りる証拠はない。

他に本件連帯保証成立の事実を認めるに足りる証拠はない。

○○簡易裁判所 ❻

裁　判　官　○　○　○　○　㊞ ❼

(4)　簡易裁判所の新様式判決書のパターン

以下では、判決を読む際の参考に資するという趣旨で、簡易裁判所の新様式判決書のパターンを示すこととするが、ここで示すのは、パターン例にすぎず、これ以外にも、簡易裁判所の各裁判官がわかりやすさという観点からいろいろな工夫をしているのが実情である。

(A)　各パターンに共通の項目

簡易裁判所の新様式判決書のパターンに共通の項目は以下のとおりである。

①　判決言渡日

②　書記官の原本領収

③　事件番号

④　事件名

⑤　口頭弁論終結日

⑥　「判決」という標題

⑦　当事者の表示

⑧ 主文
⑨ 「事実及び理由」の後の簡易裁判所の表示と裁判官氏名

(B) 判決書の記載内容の留意事項

簡易裁判所の新様式判決書における記載内容の留意事項は以下のとおりである。

① 「事実」と「理由」は、項目を分けることなく、「事実及び理由」として一括して記載するのが通例である。
② 請求は、訴訟費用の負担、仮執行宣言、請求の趣旨に対する答弁を省略するのが通例である。
③ 事案の概要としての「請求原因の要旨」は、訴訟物の特定に必要な最小限の事実を記載すれば足りる。請求を理由づけるための事実を網羅的に記載する必要はない。
④ 被告が事実の一部または全部を争っている場合でも、原則として、「裁判所の判断」の項で判断の結論を示せば足りる。

もっとも、事案によっては、結論に至る過程をわかりやすくするために、「争点」の項を設けて、被告が争っていることや被告の反論の内容を記載することもある。

⑤ 被告の抗弁を認めて、原告の請求を排斥する場合には、「抗弁の要旨」を記載する。
⑥ 裁判所の判断では、法律解釈についての説明を記載する必要はない。訴訟費用の負担の裁判および仮執行宣言についての法律の適用の説明も省略する。
⑦ 書証の成立に関する判断も原則として記載しない。
⑧ 証拠の挙示は、「甲１」「証人Ａ」「原告本人」程度の簡略記載をするのが通例である。

(C) 「事実及び理由」のパターン

（Ａパターン）

事実及び理由

Ａパターンが、基本パターンである。認容判決の場合、「請求」欄は、「主文１項と同旨」と

訴訟の終了

第１　請求
第２　請求原因の要旨
第３　当裁判所の判断

（Ｂパターン）

事実及び理由
第１　請求
第２　事案の概要
　１　請求原因の要旨
　２　争点
第３　争点に対する判断

（Ｃパターン）

事実及び理由
第１　請求
第２　事案の概要
　１　請求原因の要旨
　２　抗弁の要旨
第３　当裁判所の判断

（Ｄパターン）

事実及び理由
第１　請求
第２　事案の概要
　１　争いのない事実等
　２　争点
第３　争点に対する判断

記載するのが正確であるが、実務上は、「主文と同旨」と記載している例も多い。「請求原因の要旨」欄は、迅速に判決書を作成するために、訴状等の写しを利用する例も多い。この場合には、「別紙請求の原因記載のとおり」などとして、別紙として引用添付する。なお、請求の減縮があった場合には、「なお、一部弁済があったので、主文１項記載の金額に請求を減縮する」などと記載して、訴状の請求原因をそのまま引用添付している例も多い。また、支払督促申立書の請求原因を利用する場合には、「ただし、債権者とあるのを原告と、債務者とあるのを被告とそれぞれ読み替える」という読替文言を付加する。

Ｂパターンは、「争点」の項目を設ける場合である。主要な争点を「中心的な争点」として摘示する例もある。この争点に記載されていない請求原因事実は、基本的に当事者間に争いがないという趣旨である。

Ｃパターンは、抗弁を認めて、請求を排斥する場合に用いられるパターンである。

Ｄパターンは、再抗弁を認めて、請求を認容する場合に用いられるパターンで、この場合には、争いのない事実等に請求原因事実と抗弁事実をまとめて記載することになろう。

実務ノート――督促異議訴訟の主文例

仮執行宣言付支払督促に対する督促異議訴訟において、請求を認容する場合

の主文例

Ⅰ　基本形

〇〇簡易裁判所平成〇〇年(ロ)第〇〇号事件の仮執行宣言付支払督促はこれを認可する。

督促異議申立て後の訴訟費用は被告の負担とする。

Ⅱ　請求の減縮があった場合

〇〇簡易裁判所平成〇〇年(ロ)第〇〇号事件の仮執行宣言付支払督促は〇〇万円及びこれに対する平成〇〇年〇〇月〇〇日から支払済みまで年〇パーセントの割合による金員並びに支払督促申立手続費用及び仮執行宣言手続費用の支払を命ずる限度において認可する。

督促異議申立て後の訴訟費用は被告の負担とする。

実務ノート――「請求原因の要旨」の記載例

1　貸金・単発

原告が、平成〇年〇月〇日に被告に貸し付けた〇〇円の残元金と平成〇年〇月〇日までの未払利息〇〇円、確定遅延損害金〇〇円及びその翌日以降の遅延損害金の支払請求

2　貸金・基本契約

原告が、平成〇年〇月〇日に被告との間で締結した■■契約に基づいて、平成〇年〇月〇日から平成〇年〇月〇日までの間に〇回にわたって貸し付けた合計〇〇円の残元金と平成〇年〇月〇日までの未払利息〇〇円、確定遅延損害金〇〇円及びその翌日以降の遅延損害金の支払請求

3　貸金・基本契約・保証人あり

原告が、平成〇年〇月〇日に、被告■■を連帯保証人として、被告■■

との間で締結した○○契約に基づいて、平成○年○月○日から平成○年○月○日までの間に○回にわたって貸し付けた合計○○円の残元金○○円と平成○年○月○日までの未払利息○○円、確定遅延損害金○○円及びその翌日以降の遅延損害金の連帯支払請求

4　貸金＆立替金・基本契約

被告が、原告との間で平成○年○月○日に締結した■■契約に基づいて、

(1)　平成○年○月○日から平成○年○月○日までの間に借り受けた合計○○円の残元金○○円、確定遅延損害金○○円及び残元金に対する遅延損害金

(2)　平成○年○月○日から平成○年○月○日までの間に加盟店で購入した商品代金の立替金及び手数料合計○○円（うち手数料○○円）の残額○○円及び遅延損害金

の支払請求

5　貸金・準消費貸借

原告が、平成○年○月○日に、準消費貸借契約に基づいて、被告に貸し付けた○○円の残元金と遅延損害金の支払請求

6　貸金・保証債務履行

原告が、被告を連帯保証人として、平成○年○月○日に■■に貸し付けた○○円の残元金と遅延損害金の支払請求

7　立替金・個別・代金＋手数料＝合計

原告が、被告との間で平成○年○月○日に締結した立替払契約に基づいて、■■に立て替えて支払った■■の代金○○円及び手数料○○円合計○○円の残額とこれに対する遅延損害金の支払請求

8　立替金・カード1（1回払分、分割払分、リボルビング払分）

原告が、被告との間で平成○年○月○日に締結したカード利用契約に基づいて、平成○年○月○日から平成○年○月○日までの間に加盟店に立て替えて支払った商品等の代金及び手数料合計○○円の残額○○円（1回払分○○円、分割払分○○円、リボルビング払分○○円）と遅延損害金の支払請求

（注）　1回払分は、契約から2カ月を超えない範囲での支払いを前提とするものである。

9　立替金・カード2（立替金、貸金）

原告が、被告との間で平成○年○月○日に締結したカード利用契約に基づいて、

(1)（1回払）平成○年○月○日から平成○年○月○日までの間に加盟店に立て替えて支払った商品等の代金及び手数料合計○○円の残額○○円と遅延損害金

(2)（分割払）平成○年○月○日から平成○年○月○日までの間に加盟店に立て替えて支払った商品等の代金及び手数料合計○○円の残額○○円と遅延損害金

(3)（リボルビング払）平成○年○月○日から平成○年○月○日までの間に加盟店に立て替えて支払った商品等の代金及び手数料合計○○円の残額○○円と遅延損害金

(4)（キャッシング）平成○年○月○日から平成○年○月○日までの間に被告に貸し付けた合計金○○円の残元金○○円と遅延損害金

(5)（カードローン）平成○年○月○日から平成○年○月○日までの間に被告に貸し付けた合計金○○円の残元金○○円と遅延損害金

の支払請求

（注）　1回払は、契約から2カ月を超えない範囲での支払いを前提とするものである。

10　立替金・個別・連帯保証人

原告が、被告を連帯保証人として、平成○年○月○日に■■との間で締

訴訟の終了

結した立替払契約に基づいて、■■に立て替えて支払った■■の代金○○円及び手数料○○円合計○○円の残額とこれに対する遅延損害金の支払請求

11　立替金・個別・連帯請求

原告が、被告■■を連帯保証人として、平成○年○月○日に被告■■との間で締結した立替払契約に基づいて、■■に立て替えて支払った■■の代金○○円及び手数料○○円合計○○円の残額とこれに対する遅延損害金の連帯支払請求

12　求償金・商品購入代金

被告が、平成○年○月○日に、販売店■■から■■を購入する資金を■■から借り受けるにあたり、原告との間で締結した保証委託契約に基づいて、原告が、平成○年○月○日に■■に代位弁済した借受金残金と遅延損害金の求償請求

13　求償金・商品購入代金・事前求償

被告が、平成○年○月○日に、販売店■■から■■を購入する資金を■■から借り受けるにあたり、原告との間で締結した保証委託契約に基づく事前求償請求

14　求償金・立替金残金

被告が、平成○年○月○日に、販売店■■から購入する■■について■■との間での立替払契約を締結するために原告との間で締結した保証委託契約に基づいて、原告が、平成○年○月○日に同社に代位弁済した立替金残金○○円及び遅延損害金の求償請求

15　求償金・単発借受け

原告が、平成○年○月○日に被告との間で締結した保証委託契約に基づ

いて、平成○年○月○日に連帯保証人として■■に代位弁済した、被告が同社から平成○年○月○日に借り受けた○○円の残金及び遅延損害金の求償請求

16　求償金・自動車引渡し

(1)　原告が、平成○年○月○日に被告との間で締結した保証委託契約に基づいて、平成○年○月○日までに連帯保証人として■■に代位弁済した別紙物件目録記載の自動車の割賦購入代金○○円の残金○○円と遅延損害金の求償請求

(2)　上記割賦販売契約及び保証委託契約に基づく別紙物件目録記載の自動車の引渡請求

17　リース料・基本型

原告が、平成○年○月○日に被告との間で締結したリース契約（リース物件■■、リース料総額○○円）の残リース料と遅延損害金の支払請求

18　リース料・連帯支払請求

原告が、被告■■を連帯保証人として、平成○年○月○日に被告■■との間で締結したリース契約（リース物件■■、リース料総額○○円）の残リース料と遅延損害金の連帯支払請求

19　リース料・保証人に対する請求

原告が、被告を連帯保証人として、平成○年○月○日に■■との間で締結したリース契約（リース物件■■、リース料総額○○円）の残リース料と遅延損害金の支払請求

20　電話料金

原告と被告との間で平成○年○月○日に締結した■■電話サービス契約

（電話番号000-000-0000）に基づく平成○年○月分から平成○年○月分までの電話料金合計○○円及びこれに対する各支払期限の翌日からの約定の遅延損害金並びに平成○年○月分の電話料金に対する確定遅延損害金○○円の支払請求

21　損害賠償・リース解除（基本型）

原告が平成○年○月○日に被告との間で締結したリース契約（リース物件■■、リース料総額○○円）の解除による未払リース料相当の損害金と遅延損害金の支払請求

22　損害賠償・交通事故（物損）

平成○年○月○日■■○時○分ころ■■で発生した原告運転の■■と被告運転の■■との交通事故による物的損害○○円及び遅延損害金の支払請求

23　損害賠償、交通事故（人損、物損）

平成○年○月○日■■○時○分ころ■■で発生した原告運転の■■と被告運転の■■との交通事故による人身損害○○円（内訳・逸失利益○○円、慰謝料○○円）、物的損害○○円（内訳・修理代金○○円、代車料○○円）の合計○○円と遅延損害金の支払請求

24　損害賠償・求償金（保険代位）

原告が、平成○年○月○日に■■との間で締結した保険契約（SAP）に基づいて、平成○年○月○日に車両保険金として同人に支払った○○円（平成○年○月○日■■○時○分ころ■■で発生した■■運転の普通乗用自動車と■■運転の普通乗用自動車との交通事故によって■■が被った物的損害）と遅延損害金の求償請求

25　売買代金

原告が平成○年○月○日に被告に売り渡した■■の代金○○円の残金と遅延損害金の支払請求

26　売買代金・継続的売買

原告が平成○年○月○日から平成○年○月○日までの間に被告に継続的に売り渡した■■の代金合計○○円の残金と遅延損害金の支払請求

27　譲受債権・売買代金（カード）

原告が、被告との間で平成○年○月○日に締結した基本契約に基づいて、原告の加盟店から譲り受けた、被告が平成○年○月○日から平成○年○月○日までの間に繰り返して原告の加盟店でカードを利用して購入した商品及びサービスの代金債権合計○○円の残金と遅延損害金の支払請求

28　請負代金・工事代金

原告が、平成○年○月○日に被告から請け負った■■の工事代金○○円の残金と遅延損害金の支払請求

29　敷金返還

原告が、平成○年○月○日に、被告との間で■■の賃貸借契約を締結するに際して差し入れた敷金○○円の未返還金○○円と遅延損害金の支払請求

30　賃料

原告が被告に平成○年○月○日に賃貸した別紙物件目録記載の建物の平成○年○月○日から平成○年○月○日までの延滞賃料の支払請求

31　賃金・基本型１

原告と被告との間で平成○年○月○日に締結した労働契約に基づく、平成○年○月○日から平成○年○月○日までの賃金合計○○円の残金の支払請求

32　解雇予告手当

原告と被告との間で平成○年○月○日に締結した労働契約について平成○年○月○日に被告がなした即時解雇に基づく解雇予告手当金の支払請求

33　取立金・給料債権

原告が、■■地方裁判所平成○年(ル)第○号債権差押命令によって差し押さえた■■の被告に対する平成○年○月分から平成○年○月分までの給料債権（各月の手取額の４分の１ずつ）の支払請求

34　約束手形金・基本型

原告が所持する別紙手形目録記載の約束手形金及び■■の支払請求

35　和解金・貸金の債務弁済

原告と被告との間で、原被告間の■■契約に基づく残債務の弁済について、平成○年○月○日に締結した和解契約で定めた○○円の残元金と遅延損害金の支払請求

36　建物明渡し・賃料不払い

原告と被告との間で平成○年○月○日に締結した別紙物件目録記載の建物の賃貸借契約の賃料不払を理由とする解除に伴う同建物の明渡請求と延滞賃料及び賃料相当損害金の支払請求

37　所有権移転登記手続・土地時効取得

平成○年○月○日時効取得を原因とする別紙物件目録記載の土地に対する所有権移転登記手続請求

38　自動車引渡し・所有権留保（立替払契約）

原告と被告との間で平成○年○月○日に別紙物件目録記載の自動車について立替払契約を締結するに際して原告に留保した所有権に基づく同自動車の引渡請求

実務ノート――定型的な判決理由例

ここでは、参考に資するために、定型的な判決理由の記載例を紹介する。

1　被告欠席・擬制自白

被告は、口頭弁論期日に出席しないので、請求原因事実を認めたものとみなされる。この事実をもとに判断すると、原告の請求は理由がある。

2　答弁書で認めた場合

被告は、答弁書によって請求原因事実を認めている。この事実をもとに判断すると、原告の請求は理由がある。

3　被告が出席して請求原因事実を認めた場合

被告は、請求原因事実を認めると述べた。この事実をもとに判断すると、原告の請求は理由がある。

4　被告欠席・答弁書の内容も争っていない場合

被告は、口頭弁論期日に出席せず、提出した答弁書も請求原因事実を争うものとは認められないから、これを自白したものとみなされる。この事実をもとに判断すると、原告の請求は理由がある。

5　証拠および弁論の全趣旨による請求認容

証拠及び弁論の全趣旨によれば、請求原因事実をすべて認めることができる。この事実をもとに判断すると、原告の請求は理由がある。

6　公示送達で立証した場合

被告は、公示送達による呼出しを受けたが口頭弁論期日に出席しない。証拠によれば、請求原因事実をすべて認めることができる。この事実をもとに判断すると、原告の請求は理由がある。

(5)　判決書の原本に基づかない言渡し

判決書の原本に基づいてする言渡しの原則（法252条）については例外がある。当事者間に争いがない場合（①自白事件の場合、②被告欠席による擬制自白事件の場合、③公示送達事件の場合）には、判決書の原本に基づかないで判決の言渡しができる（法254条1項1号・2号）。この場合には、裁判長は主文および理由の要旨を告げて判決を言い渡し（規則155条3項）、裁判所は、判決書の作成に代えて、裁判所書記官に、当事者および法定代理人、主文、請求並びに理由の要旨を、判決言渡しの口頭弁論期日の調書に記載させることになる（**調書判決**。法254条2項）。

(6)　判決の効力

(A)　自己拘束力

裁判が成立すると、確定しなくても、法的安定性や裁判に対する信頼の要請の観点から、その裁判をした裁判所は、もう一度裁判をやり直すことができない（**自己拘束力**）。例外的に、言渡し後1週間以内で未確定の場合にのみ、法令違反を理由に**変更判決**（法256条）ができること、計算違いや語句などの明白な誤りがあるときに**更正決定**（法257条）ができることが認められているにすぎない。

(B) 羈束力

①上級審の破棄判決は、差戻しを受けた下級裁判所を拘束する（法325条3項後段）、②原判決（事実審）において確定した事実は、上告審を拘束する（法321条1項）、③最高裁判所の小法廷は、前になされた最高裁判所の判例に反する判断ができない（裁判所法10条3号）、④移送決定は、それによって移送を受けた裁判所を拘束する（法22条1項。ただし、移送を受けた裁判所が、異なる理由により他の裁判所に移送することは認められると考えられる）など、裁判所の判断が、当該事件の手続内で他の裁判所を拘束する効力を**羈束力**という。

(C) 既判力

終局判決が確定すると、同一の紛争の蒸し返しを許さないために、以後、別の訴訟が起こされても、この判決に抵触する判断をすることが許されないという効力が認められる。これを**既判力**という。後訴の判断が前訴のそれに抵触できないというのは、既判力の生じた判断については、後訴で、当事者はこれに矛盾する主張は許されないし、裁判所も同じ判断をする必要があるということである。既判力の概念は、確定判決があると同一事件の訴権が確定し、再訴は常に不適法なものとして却下されるとする**一事不再理**の理念とは異なる。一事不再理の理念は、民事訴訟においては、既判力の目的にはなり得ても、その効果はないとするのが通説である。訴訟物を構成する法律効果は、判決後も日々新たに発生・変更・消滅する可能性があるので、同一事件の範囲が確定できないと考えられるのである。

たとえば、貸金請求事件の裁判を審理したところ、すでに前訴において同一の貸金請求訴訟についての勝訴判決が確定していたことがわかった場合どうするかという問題がある。通常、一事不再理により不適法却下（法140条）される例はないと思われる。この場合には、やはり既判力により、後訴である当該裁判においても請求認容の判決がなされることになる。ただし、この場合には**訴えの利益**（**権利保護の利益**ともいわれる）について判断され、判決原本が滅失した場合や、判決の消滅時効（民法174条の２）を中断させる必要性がある場合など、特別な事情が認められなければ、再訴の利益なしとして不適法却下されることになる。これに対し、被告において前訴の口頭弁論終結後の事情として弁済の抗弁などを主張することは可能である。

実務ノート――時効中断等のための再訴

判決の消滅時効の起算点は、確定の時からであり、また時効期間は10年である（民法174条の２第１項、改正民法169条１項)。貸金業者が、貸金返還請求を求めて訴えを提起するような場合は、貸金が商事債権であるから５年の消滅時効にかかることになるが（改正民法施行後は、商法522条が削除され、改正民法166条１項により、権利を行使することができることを知った時から５年とされる)、認容判決を受けた場合には、10年の消滅時効に切り替わることになる（なお、訴訟上の和解が成立し、和解条項の中で債務につき期限の猶予を与えたときも、時効期間は10年に延長されるとするのが実務の考え方である。大阪地判昭38・３・23判タ145号76頁、岡山地判平５・３・25判時1499号107頁)。

実務上は、前訴の判決の確定時から10年近く経っている場合には、原則として訴えの提起を認めているようである。問題は、どのぐらい経過していれば認められるかという点であるが、時効中断の効力が訴状の受理時に生ずることを前提にして、時効完成前の１年程度前から訴え提起を認める見解もあるが（宮崎富士美『設例民事の実務』346頁)、１年というのは少し余裕をもたせすぎではなかろうか。筆者らの実務感覚では、時効完成日からさかのぼって、１カ月前から、せいぜい３カ月前までぐらいが限度ではなかろうか。

また、この場合、以前は二重債務名義を避けるという意味もあって、確認訴訟をすべきであるという見解も強かったが、現在では、給付訴訟を認めるのが一般的である。

ここで、参考までに時効中断のための再訴の判決例をあげることとする。

判　　決

○○県○○市○○町１丁目10番地

原　告　○○○○

住居所不明

（最後の住所）

○○県○○郡○○町大字○○1409番地の4

被　告　○○○○

主　文

1　被告は，原告に対し，50万円及びこれに対する平成○○年○○月○○日から完済まで年5パーセントの割合による金員を支払え。

2　訴訟費用は，被告の負担とする。

3　この判決は仮に執行することができる。

事実及び理由

1　請求

主文と同旨

2　請求原因の要旨

(1)　原告は，平成○○年中，本件被告を被告として，○○簡易裁判所に，平成○○年○○月○○日の消費貸借契約による主文第1項掲記の貸金及び遅延損害金の支払を求める訴えを提起した（平成○○年(ハ)第○○号）。

(2)　○○簡易裁判所は，平成○○年○○月○○日，この請求を全部認容する判決を言渡し，この判決は，平成○○年○○月○○日確定した。

(3)　原告のこの確定判決による債権は，10年の消滅時効の完成により消滅するおそれがあるので，その中断を図るため，被告に対し，請求の趣旨記載の金員の支払を求める必要がある。

3　理由

被告は，公示送達による呼出しを受けたが，この事件の口頭弁論期日に出席しない。証拠によれば，原告の主張する請求原因第1項及び第2項の事実を認めることができる。上記事実によれば，原告が請求原因第3項で主張する時効中断のための再度の訴えを提起する訴えの利益があるものと認められる。

以上によれば原告の請求は理由がある。

○○簡易裁判所

裁判官　○○○○

既判力を論ずるうえで、同一の紛争であるかどうかは、①既判力の時的限界（標準時・基準時)、②既判力の物的限界（客観的範囲)、③既判力の人的限界（主観的範囲）を検討する必要がある。

①の**既判力の標準時**は、事実審の**口頭弁論終結時**であるとされている（民執法35条２項、法253条１項４号)。そのため、たとえば、標準時前に弁済していたとしても、前訴でそのことを主張していなければ、弁済の主張は後訴で遮断される（**遮断効・失権効**)。ただし、形成権の遮断については争いがある。

②の**既判力の客観的範囲**は、判決主文で表示された事項についてのみ生ずるとされる（法114条１項)。主文には、請求の内容であり訴訟物である権利または法律関係の存否についての判断が示されているので、これに限定される。これに対し、既判力は**判決理由中の判断**には及ばないとされている（例外として法114条２項)。この点に関し、主要な争点として争われ、これに対して裁判所が判断した場合には、同一の争点を主要な先決問題とする後訴の審理において、当事者はこれに矛盾する主張をすることは許されず、裁判所もこれに矛盾する判断が禁止されるという**争点効**の理論が学説で論ぜられている。下級審で認められた例もあるが、最高裁判例（最判昭44・６・24判時569号48頁）は否定している。

③の**既判力の主観的範囲**は、原則として当事者間に相対的に生ずる（法115条１項)。裁判に関与しない第三者に既判力を及ぼさない趣旨である。ただし、紛争解決の実効性確保の必要性と許容性を理由として、次の者に対して**既判力の拡張**が認められている。

ⓐ　訴訟担当の場合の利益帰属主体（法115条１項２号）

ⓑ　口頭弁論終結後の承継人（同項３号）

ⓒ　請求の目的物の所持人（同項４号）

ⓓ　訴訟脱退者（法48条）

ⓔ　なお、当該紛争の当事者と同様な地位にある者のためにも、既判力が及ぶ場合が規定されている（たとえば、商法838条など）。

(D)　執行力

判決が確定すると、判決で命じられた給付内容が、民事執行法に基づく強制執行を利用することにより実現可能となる。これを**執行力**という。執行力は、判決が確定前であっても**仮執行宣言**（法259条）がついていれば生じる。

2　裁判以外の終了

私的自治の原則に基づく処分権主義（法246条。24頁参照）によれば、訴訟の終了も当事者に委ねられている。具体的には、訴えの取下げ（法261条）、請求の放棄・認諾（法266条・267条）、そして訴訟上の和解（法267条）による訴訟の終了である。

(1)　訴えの取下げ

(A)　意　義

訴えの取下げは、訴えによって要求した審判の申出を撤回する旨を、裁判所に対して意思表示することである。訴えの取下げにより訴訟係属が遡及的に消滅する（法262条１項）。この点、確定判決と同一の効力が生じる請求の放棄（法267条）とは異なる。つまり、原告が訴えを取り下げると、被告のそれまでの防御がなかったことになってしまう。そこで、訴え取下げの要件と効果が重要になる。

(B)　要　件

原告は、判決が確定するまでは、その全部または一部について訴えの取下げができる（法261条１項）。この場合、被告が本案について弁論等を行っているときには、取下げについて**被告の同意**が必要である（同条２項本文）。被告の請求棄却判決を求める権利を保護するためである。

原告が訴えの取下げをなしうるためには訴訟能力があるか、または代理人に授権されていなければならない（法32条２項１号・55条２項２号）。

訴えの取下げは、原告の意思表示であるが、この**意思表示に瑕疵**がある場合、民法の規定を準用ないし類推適用できるかについては争いがある。この点について、訴えの取下げは訴訟行為であるから、一般に行為者の意思の瑕疵が直ちにその効力を左右するものではないが、詐欺・脅迫等明らかに刑事上罰すべき他人の行為により訴えの取下げがなされた場合には、再審事由の規定（法338条２項）の趣旨に照らして無効を主張できるとする判例がある（最判昭46・６・25民集25巻４号640頁）。

訴えの取下げは、訴訟の係属する裁判所に対し、原則として取下書を提出する方法で行うが、口頭弁論期日、弁論準備期日または和解期日には、口頭ですることが可能である（法261条３項）。

被告の同意を要する場合になされた訴えの取下げは、書面でなされればその書面の副本を、口頭でなされればその旨記載された調書の謄本を、被告に送達する（法261条４項、規則162条。被告が期日に出頭していれば、その必要はない）。これに対し、被告が同意を拒絶すれば取下げは無効となる。取下書の送達を受けた日から２週間以内に被告が異議を述べない場合は、訴えの取下げに同意したものとみなされる（法261条５項）。

(C) 効　果

訴えの取下げが有効に行われると、係属している訴訟は遡及的に消滅する（法262条１項）。その後、同一の請求についてあらためて別訴を提起することは許される。ただし、本案の終局判決があった後に訴えを取り下げた場合は、同一の訴えを提起することが禁止される（同条２項）。

【書式26】　取下書

平成○○年(ハ)第○○号　○○請求事件
原　告　　○　○　○　○
被　告　　○　○　○　○

取　下　書

平成○○年○○月○○日

〇〇簡易裁判所　御中

原　告　〇〇〇〇㊞

頭書の事件について，原告は訴えを取り下げます。

【書式27】 訴えの取下げの同意書

平成〇〇年(ハ)第〇〇号　〇〇請求事件
原　告　〇〇〇〇
被　告　〇〇〇〇

同　意　書

平成〇〇年〇〇月〇〇日

〇〇簡易裁判所　御中

被　告　〇〇〇〇㊞

頭書の事件について，被告は訴えの取下げに同意します。

(2) 請求の放棄・認諾

請求の放棄とは、原告が請求の主張を維持する意思のないことを裁判所に対して表示することであり、**請求の認諾**とは、被告が、原告の請求の主張を理由ありとして認める意思を裁判所に対して表示することである。

請求の放棄・認諾の要件としては、訴訟物についての処分権限があること、訴訟物である権利関係が公序良俗違反など法律上許されないものでないこと、訴訟能力があること、などがあげられる。

請求の放棄・認諾を記載した調書が作成されると、確定判決（放棄は請求棄却、認諾は請求認容）と同一の効力が生ずる（法267条）。

(3) 訴訟上の和解

訴訟上の和解は、訴訟係属中に、両当事者が訴訟物に関しそれぞれの主張を互いに譲歩して訴訟を終了させる旨、期日において合意することである（法267条）。和解によって、裁判所の判断に服するよりもより当事者の納得する解決が期待でき、それゆえ、判決によるよりも履行に期待がもてることが考えられる。

訴訟上の和解も、請求の放棄・認諾と同じように、訴訟物が処分可能であること、和解の内容が公序良俗に反するようなものでないこと、などの要件が必要である。

訴訟上の和解に類似の制度として、**受諾和解**（法264条)、**裁定和解**（法265条)、**訴え提起前の和解**（法275条）がある。訴え提起前の和解は、訴訟係属を前提にしていないところが訴訟上の和解と異なるだけで、和解内容が調書に記載されることにより（規則169条)、訴訟上の和解と同一の効力が生ずる。この二者をあわせて**裁判上の和解**という。

訴訟上の和解の内容が調書に記載されれば、確定判決と同一の効力を生ずる（法267条)。判決の効力としては、**執行力**や**既判力**が問題となる。

和解調書に給付条項が記載されていれば、その部分に**執行力**が認められる（民執法22条７号)。

和解調書に**既判力**（157頁参照）が認められるかについては争いがある。しかし、訴訟上の和解には訴訟物以外の法律関係も含めて成立させることができると解されており、その範囲も明確ではないので、ここでの現実的な問題は、和解成立後に意思表示の瑕疵による救済ができるかということである。この点については、①和解した裁判所に対し、和解の瑕疵を理由に**期日指定の申立て**をして和解手続を続行させる（大判昭６・４・23民集10巻７号380頁)、②別途、**和解無効確認**や**請求異議の訴訟**を提起する（大判昭14・４・24民集４巻５号195頁、大判昭14・８・12民集18巻14号903頁)、などの解決方法を選択的に行使できると解されている。

【書式28】　和解条項案⑴――金銭請求事件・基本型

平成＿＿年（(ハ)・(少コ)）第＿＿＿＿号

和解条項

1　被告（ら）は，原告に対し，（連帯して）本件債務として（和解金として)，次の合計＿＿＿＿＿＿＿＿円の支払義務があることを認める。

(1)　残元金　　　　　　　＿＿＿＿＿＿＿＿＿＿＿円
(2)　未払利息金　　　　　＿＿＿＿＿＿＿＿＿＿＿円
(3)　確定遅延損害金　　　＿＿＿＿＿＿＿＿＿＿＿円

2　被告（ら）は，原告に対し，（連帯して）前項の金員を次のとおり分割して，

□　原告方に持参又は送金して支払う。

□　原告名義の＿＿＿＿銀行＿＿＿＿支店普通預金・口座番号＿＿＿＿＿＿＿＿＿＿に振り込んで支払う。ただし，振込手数料は被告の負担とする。

(1)　平成＿＿年＿＿月＿＿日限り＿＿＿＿＿＿円
(2)　平成＿＿年＿＿月から平成＿＿年＿＿月まで毎月＿＿日限り＿＿＿＿＿＿円ずつ
(3)　平成＿＿年＿＿月＿＿日限り＿＿＿＿＿＿円

3　被告（ら）が，前項の分割金の支払を怠り，その額が＿＿＿＿＿円に達したときは，当然に期限の利益を失い，被告（ら）は，原告に対し，（連帯して）第1項の合計金から既払金を控除した残金及び同項の残元金の残額に対する期限の利益を失った日の翌日から支払済みまで（支払済みの前日まで）年＿＿＿＿パーセントの割合による遅延損害金を支払う。

4　原告は，その余の請求を放棄する。

5　原告と被告（ら）は，本件に関し，本和解条項に定めるほか，他に何らの債権債務のないことを相互に確認する。

6　訴訟費用は各自の負担とする。

☆原告は，被告（ら）に対し，＿＿＿簡易裁判所平成＿＿年(ロ)第＿＿＿＿号仮執行宣言付支払督促に基づく強制執行をしない。

（注）　ここで紹介する和解条項案は、当事者が和解条項案を作成したり、また裁判所から示された和解条項案を確認する際の参考に資するためのものであって、適宜修正しながら、利用することを前提とするものである。

【書式29】　和解条項案(2)――交通事故・物損

平成＿＿年（(ハ)（少コ））第＿＿＿＿号

和 解 条 項

1　原告と被告は，本件交通事故による車両損壊の損害賠償債務として，
　被告が，原告に対し，＿＿＿＿円の，
　原告が，被告に対し，＿＿＿＿円の
各支払義務があることを相互に確認する。
2　原告と被告は，前項の両債権につき対当額をもって相殺する。
3　被告は，原告に対し，前項による相殺後の残債務金＿＿＿＿円を
□　平成＿年＿月＿日限り，原告名義の＿＿＿銀行＿＿＿支店普通預金・口座番号＿＿＿＿＿に振り込んで支払う。
□　次のとおり分割して，原告方に持参又は送金して支払う。
(1)　平成＿年＿月＿日限り＿＿＿＿円
(2)　平成＿年＿月から平成＿年＿月まで毎月＿日限り＿＿＿＿円ずつ
(3)　平成＿年＿月＿日限り＿＿＿＿円
4　被告が，前項の分割金（金員）の支払を怠り，その額が＿＿＿＿円に達したときは，当然に期限の利益を失い，被告は，原告に対し，前項の金員から既払金を控除した残金及びこれに対する期限の利益を失った日の翌日から支払済みまで年５パーセントの割合による遅延損害金を支払う。
5　原告は，その余の請求を放棄する。
6　原告と被告は，本件に関し，本和解条項に定めるほか，他に何らの債権債務のないことを相互に確認する。
7　訴訟費用は各自の負担とする。

(注１)　双方の過失に基づく同一交通事故による損害賠償債権相互間であっても、相殺は許されないが（最判昭49・６・28民集28巻５号666頁）、和解における当事者の合意は、私法上の和解契約の性質をもつものであり、民法509条は、相殺契約には適用されないと解されているので、相殺を合意する和解条項も有効であるとされている。なお、改正民法では、物損請求における相殺については認められることになった（改正民法509条）。

(注２)　改正民法による法定利率は、年３％である（変動制）。

（注３）**物損事故**

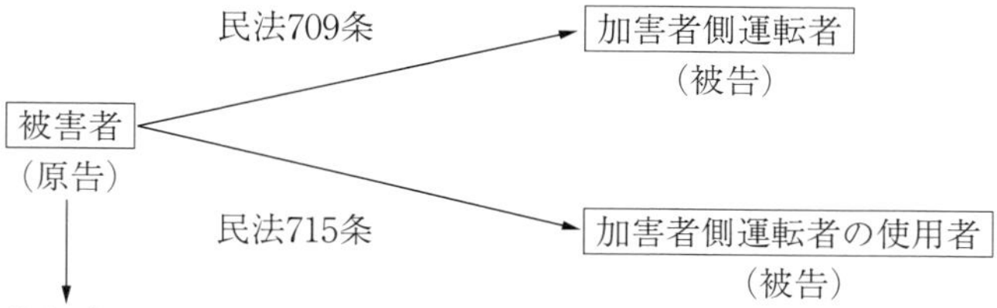

物損事故で損害賠償請求できる者は、原則として被害車両の所有者である（なお、この場合、現実に修理されているか否かを問わない）。

このほか、自動車検査証において使用者として登録されている場合のように所有権留保特約付きの売買における買主については、買主において修理をし、かつ、修理費を負担する予定がある場合が一般的であるから、この場合も、民法709条に基づいて修理費相当額の損害賠償請求が認められる。単に、被害車両の賃借人や使用借人というだけでは損害賠償請求が認められない。なお、所有権留保特約付きの売買における売主（所有者）と買主、それぞれの損害賠償請求は、連帯債権の関係となり、一方が損害賠償を受けると、他方が消滅する関係になるとされている。

また、被害車両が全損の場合、物理的全損の場合には売主（所有者）に、経済的全損の場合には売主（所有者）および買主に損害賠償請求が認められる。

人身事故

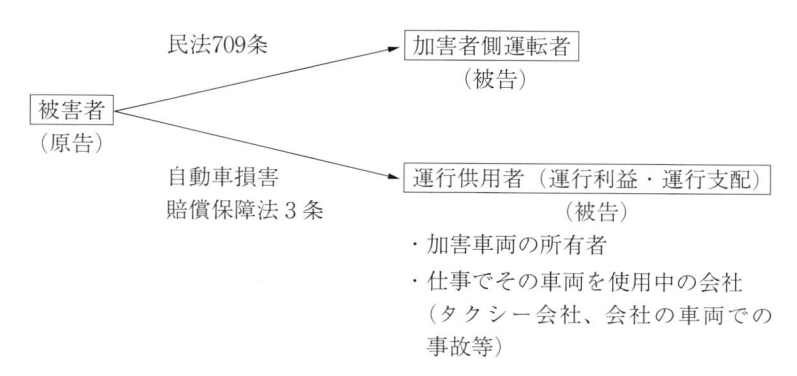

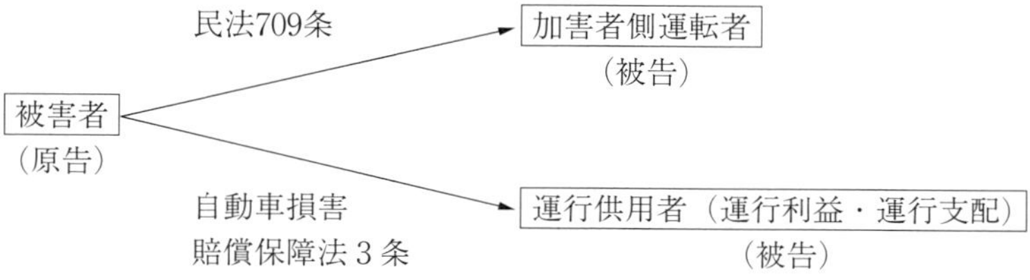

・加害車両の所有者
・仕事でその車両を使用中の会社
（タクシー会社、会社の車両での事故等）

【書式30】 和解条項案(3)――建物明渡し・合意解除

平成＿＿年(ハ)第＿＿＿号

和解条項

1　原告と被告は，別紙物件目録記載の建物（以下「本件建物」という。）についての賃貸借契約を合意解除する。

2　原告は，被告に対し，本件建物の明渡しを平成＿＿年＿＿月＿＿日まで猶予する。

3　被告は，原告に対し，平成＿＿年＿＿月＿＿日限り，本件建物を明け渡す。

4　被告は，原告に対し，本件建物の平成＿＿年＿＿月＿＿日から明渡済みまで1か月＿＿＿＿円の割合による金員（本日までは賃料，翌日からは賃料相当損害金）の支払義務があることを認める。

5　被告は，原告に対し，前項の金員を次のとおり支払う。

(1)　平成＿＿年＿＿月＿＿日から平成＿＿年＿＿月＿＿日までの＿＿＿＿＿円は，次のとおり分割して，

□　原告方に持参又は送金して支払う。

□　原告名義の＿＿銀行＿＿支店普通預金・口座番号＿＿＿＿＿に振り込んで支払う。

(ア)　平成＿＿年＿＿月＿＿日限り＿＿＿＿＿円

(イ)　平成＿＿年＿＿月から平成＿＿年＿＿月まで毎月＿＿日限り＿＿＿＿＿円ずつ

(ウ)　平成＿＿年＿＿月＿＿日限り＿＿＿＿＿円

(2)　平成＿＿年＿＿月＿＿日から本件建物の明渡済みまでの賃料相当損害金は，毎月＿＿日限り＿＿＿＿＿円の割合による（当月分・翌月分）の金員を本項(1)と同じ方法で支払う。

6　被告が，前項(1)の金員の支払を怠り，その額が＿＿＿＿＿円に達したときは，被告は，当然に前項(1)の期限の利益を失い，原告に対し，同項(1)の金員から既払金を控除した残金を直ちに支払う。

7　被告が，第5項の金員の支払を怠り，その額が＿＿＿＿＿円に達したときは，被告は，当然に第3項の明渡猶予期限の利益を失い，原告に対し，直ちに本件建物を明け渡す。

8　被告が，本件建物を明け渡したときに，本件建物内に残置した動産につい

ては，その所有権を放棄し，原告が自由処分することに異議がない。
9 原告は，その余の請求を放棄する。
10 原告と被告は，本件に関し，本和解条項に定めるほか，他に何らの債権債務のないことを相互に確認する。
11 訴訟費用は各自の負担とする。

□ 被告は，原告に対し，第1項の賃貸借契約の終了に基づく敷金の返還請求をしない。
□ 原告と被告とは，本件建物の明渡し時において，第1項の賃貸借契約時に被告から原告に差し入れられた敷金の返還について，別途協議する。

【書式31】 和解条項案(4)――建物明渡し・従前の賃貸借契約の存続

平成___年(ハ)第_____号

和解条項

1 原告と被告は，別紙物件目録記載の建物（以下「本件建物」という。）についての賃貸借契約（以下「本件賃貸借契約」という。）が引き続き存続していることを確認する。
2 被告は，原告に対し，平成___年___月分までの未払賃料_______円の支払義務があることを認める。
3 被告は，原告に対し，前項の金員を次のとおり分割して，原告方に持参又は送金して支払う。
(1) 平成___年___月___日限り_______円
(2) 平成___年___月から平成___年___月まで毎月__日限り_______円ずつ
(3) 平成___年___月___日限り_______円
4 被告が前項の支払を怠り，その額が_______円に達したときは，当然に期限の利益を失い，被告は，原告に対し，残金を直ちに支払う。
5 被告は，原告に対し，平成___年___月以降本件賃貸借契約の終了に至るまで，1か月_______円の割合による（当月分・翌月分）の本件建物の賃料を，毎月___日限り，原告方に持参又は送金して支払う。
6 被告において，次の各号の一にでも該当したときは，本件賃貸借契約は当

訴訟の終了

然に解除となり，被告は，原告に対し，直ちに本件建物を明け渡す。
(1) 第４項に該当したとき
(2) 前項の金員の支払を怠り，その額が＿＿＿＿円に達したとき
7 前項の場合，被告は，原告に対し，本件賃貸借契約解除の日の翌日から本件建物の明渡済みまで，賃料相当損害金として１か月＿＿＿＿円の割合による金員を支払う。
8 原告は，その余の請求を放棄する。
9 訴訟費用は各自の負担とする。

□ 原告と被告は，本件に関し，本和解条項に定めるほか，他に何らの債権債務のないことを相互に確認する。

3 強制執行の準備

(1) 強制執行と債務名義

たとえば、次のような主文の認容判決が出されたとしよう（【書式25】参照）。

1 被告は、原告に対し、78万6558円及びこれに対する平成29年12月30日から支払済みまで年６パーセントの割合による金員を支払え。
2 訴訟費用は被告の負担とする。
3 この判決は、仮に執行することができる。

このような判決が出されても、被告が任意に履行をしない場合には、原告はさらにとりうる手段を考えなければならない。その方法が、ここに述べる強制執行手続である。

原告は、強制執行を申し立てて被告に対する給付請求権を実現することができる。しかし、そのためには、強制執行の開始要件として強制執行申立書に**執行力ある債務名義**の正本を添付しなければならない（民事執行規則21条）。

債務名義には原則として**執行文**が付されていなければならない（民執法25条本文）。執行文を付すことによって、債務名義に執行力を生じさせることができる。執行文は、債務名義となるべき裁判の事件記録の存在する裁判所の裁判所書記官が付与する。

強制執行手続そのものは、原則として地方裁判所または執行官が行うことになるが、その手続の準備である執行文付与の手続は簡易裁判所においても行われる。そこで、債務名義と強制執行の種類について簡単に触れておくことにしたい。

なお、平成17年4月1日以降に少額訴訟手続において形成された債務名義については、当該少額訴訟手続の受訴裁判所であった簡易裁判所の裁判所書記官に対し、金銭債権執行を申し立てることができる（民執法167条の2第1項。**少額訴訟債権執行**）。この手続については、請求の価額が裁判所法33条1項1号に定める額（140万円）を超えないものについては、簡裁訴訟代理能力の認定を受けた司法書士が代理をすることができることにも留意されたい。

● ***Check Point***――**少額訴訟債権執行手続における債務名義** ●

ⅰ　少額訴訟においてなした確定判決
ⅱ　仮執行宣言を付した少額訴訟判決
ⅲ　少額訴訟における訴訟費用、和解費用の負担の額を定めた裁判所書記官の処分
ⅳ　少額訴訟における和解調書、認諾調書
ⅴ　少額訴訟において異議申立てがなく確定した和解に代わる決定

(2)　債務名義の種類

債務名義には、特定の者が特定の者に対して（民執法23条）特定の給付を請求できる権利がある旨の記載がなされている。たとえば、上記の判決の主文に、「被告は，原告に対し，78万6558円及びこれに対する平成29年12月30日から支払済みまで年6パーセントの割合による金員を支払え」と示されてあれば、原告は、被告の財産から、強制執行の手続により、この範囲の権利（金銭債権）の満足を得ることができることになる。

判決以外にも債務名義となるものが法定されている（民執法22条）。それは以下のとおりである。

① 確定判決（民執法22条1号）　当事者が不服申立手段によって争うことができなくなった判決をいう（法116条）。判決は、全部について確定するのが原則であるが、その一部について確定することもあり、この場合には、確定した一部の判決が債務名義になる。

② 仮執行の宣言を付した判決（民執法22条2号）　判決は、確定しなくても仮執行宣言が付されると（法259条・294条・323条・376条）、執行力が与えられ、債務名義となる。上記の主文に「この判決は，仮に執行することができる」として仮執行宣言が付されていれば、これにより、原告は、被告が控訴して判決が確定しない間であっても、この判決を債務名義として、被告の財産に強制執行することができる（この場合に、被告がとりうる手段として強制執行停止の申立手続がある（法398条1項3号・4号））。仮執行宣言は、上訴され、本案判決が取り消されるなどの事由があると、執行力が失われ債務名義とはならなくなる。

③ 抗告によらなければ不服を申し立てることができない裁判（確定しなければその効力を生じない裁判にあっては、確定したものに限る）（民執法22条3号）　決定、命令がこれにあたる。たとえば、民事訴訟法上のものとして、法定代理人等の費用償還決定（法69条）、民事執行法上のものとして、売却のための保全処分（民執法55条）、引渡命令（同法83条4項）などである。

④ 仮執行の宣言を付した損害賠償命令（民執法22条3号の2）　犯罪被害者等の権利利益の保護を図るための刑事手続に付随する措置に関する法律32条による。なお、確定した損害賠償命令は、確定判決と同一の効力を有するものとなる。

⑤ 仮執行の宣言を付した届出債権支払命令　消費者の財産的被害の集団的な回復のための民事の裁判手続の特例に関する法律44条4項による。

⑥ 仮執行宣言を付した支払督促（民執法22条4号）。

⑦　訴訟費用もしくは和解の費用等の負担の額を定める裁判所書記官の処分または民事執行法42条４項に規定する執行費用および返還すべき金銭の額を定める裁判所書記官の処分（民執法22条４号の２）　訴訟費用負担の裁判（法67条・61条）に基づく訴訟費用額確定処分（法71条１項。なお、法72条・73条参照）などがこれにあたる。

⑧　執行証書（民執法22条５号）　公証人が作成した公正証書で、金銭の一定の額の支払いまたはその他の代替物もしくは有価証券の一定の数量の給付を目的とする請求が内容となっており、これに執行受諾文言のあるものである。

⑨　確定した執行判決のある外国裁判所の判決または確定した執行決定のある仲裁判断（民執法22条６号・６号の２）　民事執行法24条、法118条に規定する外国裁判所の判決と仲裁法に規定する仲裁判断である。

⑩　確定判決と同一の効力を有するもの（３号に掲げる裁判を除く）（民執法22条７号）　他の法令により確定判決と同一の効力を有するとされるもので、代表的なものとしては、次のようなものがあげられる。

ⓐ　和解調書（法267条・275条）。

ⓑ　認諾調書（法267条）。

ⓒ　調停調書（民調法16条、家事事件手続法268条１項（同法別表第２に掲げる事項を除く））。

ⓓ　調停に代わる決定で、異議申立てがされなかったもの（民調法18条５項）。

⑶　執行文の付与

執行文とは、執行証書以外の債務名義については事件の記録の存在する裁判所の裁判所書記官が、執行証書についてはその原本を保存する公証人が、その債務名義により強制執行が可能である（債務名義が形式的にも内容的にも有効であり、執行力が現存している状態をいう）場合に、その旨を債務名義の正本の末尾に付記することによって付与する文書である（民執法26条１項・２項）。

強制執行は、原則として債務名義に執行文が付与されていなければ行われない（民執法25条本文）。

執行文付与の例外として、少額訴訟における確定判決または仮執行宣言を付した少額訴訟の判決もしくは支払督促（民執法25条ただし書）、仮差押え・仮処分決定による保全執行（民事保全法43条１項）などは、その正本に基づいて実施するので、執行文の付与の必要がない。

執行文の付与を受けるには、①債権者および債務者並びに代理人の表示、②債務名義の表示、③民執法27条（条件成就執行文、承継執行文）または民執法28条（執行文の再度付与）の規定による執行文の付与を求めるときは、その旨およびその事由を記載した書面で、執行文付与機関に申し立てなければならない（民事執行規則16条）。

【書式32】 執行文付与申請書

平成　　年(ハ)第　　号　　　請求事件
債権者（原告）
債務者（被告）

執行文付与申請書

平成　　年　　月　　日

簡易裁判所　御中

債権者（原告）　　　　　　　　　印

頭書の事件について，下記書類の正本（番号に○印を付したもの）につき債権者（原告）のために債務者（被告）に対する執行文１通を付与してください。

記

1　第　　回口頭弁論調書（判決）
2　判決書
3　第　　回口頭弁論調書（和解）
4　和解調書

上記執行文付正本を受領しました。

平成　　年　　月　　日
債権者（原告）　　　　　　　　　　印

（注）　この申請書は、いわゆる単純執行文の付与を求める場合の書式例である。
　手数料は、執行文１通について300円である。

【書式33】　送達証明申請書

平成　　年(ハ)第　　号　　　請求事件
原告
被告

送達証明申請書

平成　　年　　月　　日

簡易裁判所　御中

債権者（原告）　　　　　　　　　　印

頭書の事件について，下記書類の正本（番号に○印を付したもの）が被告に対して平成　　年　　月　　日に送達されたことを証明してください。

記

1　第　　回口頭弁論調書（判決）
2　判決書
3　第　　回口頭弁論調書（和解）
4　和解調書

上記証明書を受領しました。
平成　　年　　月　　日
原　告　　　　　　　　　　印

平成　　年(ハ)第　　号　　　請求事件
原告
被告

送達証明申請書

平成　　年　　月　　日

簡易裁判所　御中

債権者（原告）　　　　　　　　印

頭書の事件について，下記書類の正本（番号に○印を付したもの）が被告に対して平成　　年　　月　　日に送達されたことを証明してください。

記

1　第　　回口頭弁論調書（判決）

2　判決書

3　第　　回口頭弁論調書（和解）

4　和解調書

上記のとおり証明する。

平成　　年　　月　　日

簡易裁判所

裁判所書記官　　　　　　　　印

（注）　手数料は、証明事項が１事項ごとに150円である。したがって、被告が２名のときは300円となる。

⑷　強制執行の種類

強制執行は、債務名義に記載された請求権の内容により、金銭債権の給付を求める場合と、金銭債権以外の給付を求める場合に分けられる。後者は、不動産の明渡しや動産の引渡しを求めたり、建物の撤去を求めたり、あるいは、移転登記手続を求めたりするような場合である。金銭の支払いを求める場合には、強制執行の対象は債務者の全財産が範囲となる。とはいえ、現行法上、債務者の全財産を包括的に差し押さえる方法による強制執行は認められていないので、債権者は、まず、債務者の財産を調査したうえで、どのような財産に対してどのような強制執行をしていくかを判断しなければならない。

なお、主な強制執行の種類と手続の概要をあげると〔表３〕〔表４〕のとおりである。

〔表３〕　非金銭債権の強制執行

種　　類 （　）内は民執法	管　　轄	手　続　等
物の引渡債権の執行 （168条、169条）	目的物の所在地を管轄する地方裁判所所属の執行官（動産→債務者の普通裁判籍所在地を管轄する地方裁判所所属の執行官が原則）	不動産、人の居住する船舶等 →引渡しまたは明渡執行 動産　→差押命令 執行官が債務者の占有を解いて債権者に引き渡す。
目的物を第三者が占有する場合の引渡しの執行 （170条）	債務者の普通裁判籍所在地の地方裁判所が原則・目的物の所在地を管轄する地方裁判所	差押命令・取立許可命令
代替執行 （171条、民法414条２項・３項）	債務名義作成に関する記録を保管する地方裁判所	授権決定→債務者の費用で、債務者以外のものがする （作為債務、不作為債務で代替可能なもの）
間接強制 （172条）	同上	支払予告決定（債務者に対する一定の期間内に履行しなければ制裁を科す旨の決定） 代替執行のできないもの ・不代替的作為債務 ・不作為債務（ただし、義務違反物の除去または将来のための適当な処分に関する授権決定（民執法171条１項、民法414条３項）ができるものを除く）
意思表示の擬制 （174条、民法	意思表示をすることを命ずる判決等が確定したときまたは和解等が成立したときに意思表示があったものとみなされる。	

訴訟の終了

414条2項ただし書)	これにより、たとえば不動産の登記申請を登記権利者が単独で申請できる(不動産登記法63条1項)。ただし、条件付きのものや、反対給付と引換えにする場合には、執行文の付与が必要となる(民執法174条1項ないし3項)

(注) 改正民法により、現行民法414条2項・3項については削除され、民事執行法だけが根拠限定となる。

〔表4〕 金銭債権の強制執行

種　　類 (　)内は民執法	管　　轄	手　続　等
不動産執行 (43条〜111条)	不動産所在地の地方裁判所	〔強制競売〕 差押え→競売開始決定 換　価→入札・特別売却・競り売り 配当・弁済金交付
自動車執行 (民事執行規則48条・49条・86条・97条等)	自動車の自動車登録ファイルに登録された使用の本拠地を管轄する地方裁判所	差押え→引渡命令・強制競売開始決定 換　価→入札・競り売り・特別売却・差押債権者への売却・譲渡命令 配当・弁済金交付
動産執行 (122条〜142条)	動産所在地を管轄する地方裁判所所属の執行官	差押え→執行官による差押え 換　価→入札・競り売り・特別売却・委託売却 配当・弁済金交付
債権執行 (143条〜166条)	債務者の普通裁判籍の所在地を管轄する地方裁判所。普通裁判籍がないときは差し押さえるべき債権の所在地を管轄する地方裁判所	差押え→債権差押命令 換　価→取立て・転付命令・譲渡命令・売却命令・管理命令・その他相当と認める方法による 配当・弁済金交付

その他の財産権に対する執行（167条）（その他の財産権の例：特許権、著作権、社員権、電話加入権、ゴルフ会員権、温泉利用権など）	同上。さらに、登記・登録を要するものについてはその登記等の所在地を管轄する地方裁判所	差押え→差押命令 換　価→取立て、転付命令・譲渡命令・売却命令・管理命令・その他相当な方法による 配当・弁済金交付
少額訴訟債権執行（167条の2～167条の14）	少額訴訟の受訴裁判所であった簡易裁判所の裁判所書記官	差押え→差押処分 換　価→取立て ※なお、転付命令・譲渡命令・売却命令・管理命令など相当な方法により換価命令を求めると地方裁判所に事件が移行される（167条の10第1項）。 弁済金交付 ※なお、配当等の場合には、地方裁判所に事件が移行される（167条の11第1項）。さらに、裁量移行もある（167条の12第1項）。
物の引渡請求権に対する執行（162条・163条）	債務者の普通裁判籍所在地を管轄する地方裁判所、普通裁判籍がないときは、引渡請求権の目的物たる動産等の所在地を管轄する地方裁判所	差押え→動産等引渡請求権差押命令 換　価→動産につき執行官への、船舶につき保管人への、目的物引渡し・入札・競り売り等動産執行、船舶執行の方法による 配当・弁済金交付

参考資料

（参考資料１）　簡裁民事訴訟手続の概要

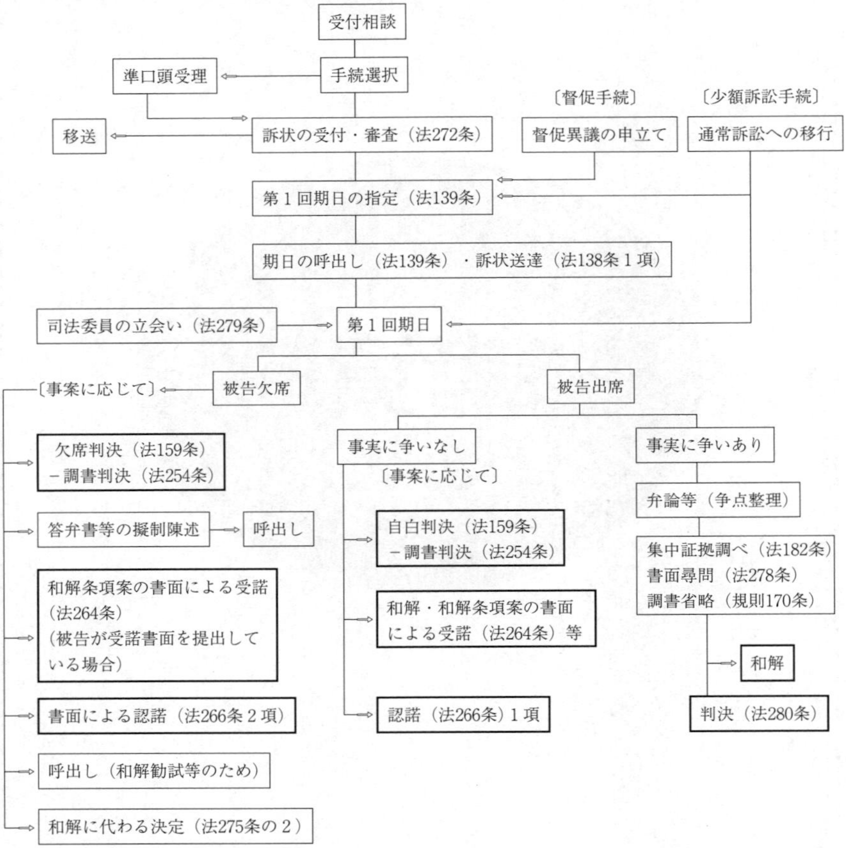

（参考資料２）　利息制限法等による利息・損害金の利率の概要

		改正前	改正後
利息制限法 22.6.18施行	利息（１条１項→１条）	①元本が10万円未満の場合　年20% ②元本が10万円以上100万円未満　年18% ③元本が100万円以上の場合　年15%	
	賠償額の予定（４条１項）	利息の1.46倍 ①の場合　年29.2% ②の場合　年26.28% ③の場合　年21.9%	
	業として貸付けを行う場合の賠償額の予定（７条１項）	上記賠償額の予定と同じ	①から③のいずれの場合も年20%
出資法	金銭の貸付け（５条１項）	年109.5%（２月29日を含む１年については109.8%、１日あたり0.3%）	
22.6.18施行	業として行う場合の金銭の貸付け（５条２項）	年29.2%（２月29日を含む１年については29.28%、１日あたり0.08%）	年20%
22.6.18施行	日賦貸金業者が業として行う場合の金銭の貸付け	年54.75%（2月29日を含む１年については54.9%、１日あたり0.15%）（附則８条）	【削除】
消費者契約法 13.4.1施行	損害賠償の額	年14.6%を超える部分は無効	
貸金業法 19.12.19 題名変更	みなし弁済	年29.2%（２月29日を含む１年については29.28%、１日あたり0.08%）（43条）	【削除】 ※２
19.12.19施行	高金利を定めた金銭消費貸借契約の無効（42条の２→42条）	年109.5%（２月29日を含む１年については109.8%、１日あたり0.3%）	

（注）「出資法」は、「出資の受入れ、預り金及び金利等の取締りに関する法律」の略である。

（参考資料３）　割賦販売法の適用関係の概要

（平成20年法律第74号による改正・平21.12.1施行）

	割賦販売	ローン提携販売	信用購入あっせん		
			個別信用購入あっせん	包括信用購入あっせん	リボルビング方式
定　義	２カ月以上の期間にわたり、かつ、３回以上に分割して支払う場合（２条１項１号）（1、２回払いの場合は制限外）（２条１項２号） 指定商品につき適用	２カ月以上の期間にわたり、かつ、３回以上に分割して支払う場合（1、２回払いの場合やリボルビング方式は制限外） 指定商品につき適用	カード等の利用なし・個別の契約ごとの与信（２条４項） ２カ月以上の期間にわたり、かつ、３回以上に分割して支払う場合を対象 ＋ ２カ月以上の与信も対象（２カ月以上後の一括払い、２回払いを対象）（２カ月を超える前提） 指定商品制の排除	カード等の利用あり・包括的な与信（２条３項１号） ２カ月以上の期間にわたり、かつ、３回以上に分割して支払う場合を対象 ＋ ２カ月以上の与信も対象（２カ月以上後の一括払い、２回払いを対象） 指定商品制の排除	カード等の利用あり・包括的な与信（２条３項２号） ２カ月以上の期間にわたり、かつ、３回以上に分割して支払う場合を対象 ＋ ２カ月以上の与信も対象（２カ月以上後の一括払い、２回払いを対象） 指定商品制の排除
契約解除等の制限（20日以上の相当な期間を定めた書面による催告）	制限あり ５条 （リボルビング方式による割賦販売を含む）	制限規定なし	制限あり (35条の３の17)	制限あり (30条の２の４)	制限あり (30条の２の４)
損害賠償等の額の制限（年６％の商事法定利率の制限－商法514条）	制限あり ６条 （ただし、リボルビング方式による場合を除く）	６条の類推適用 （最判昭和51.11.4民集30・10・915） （ただし、リボルビング方式による場合を除く）	制限あり (35条の３の18)	制限あり 30条の３ （ただし、リボルビング方式による場合を除く）	割賦販売法の適用なし ただし、消費者契約法９条２号による年14.6％の制限あり

※　信用購入あっせん——夏冬ボーナス時２回払や半年後１回払も対象となる。いわゆるマンスリークリア方式（翌月または翌々月の一括払）は対象外である。

※　改正民法施行後の法定利率は、年３％（変動制）

抗弁権の接続（販売業者等に対する抗弁権の金融機関または信用購入あっせん業者への主張）		〔包括〕29条の４第２項（30条の４）〔リボルビング方式〕29条の４第３項（30条の５）	35条の３の19	30条の４	30条の５
クーリング・オフ（与信契約に対するクーリング・オフ）	特定商取引法の規定による	特定商取引法の規定による	一定の販売契約に係る個別信用購入あっせんにおける与信契約（個別クレジット契約）についてのクーリング・オフ なお、販売契約等だけにつき、クーリング・オフを行う場合には、特定商取引法の規定による	特定商取引法の規定による	特定商取引法の規定による

※　訪問販売・電話勧誘販売による与信契約（個別クレジット契約）（35条の３の10）、連鎖販売・特定継続的役務提供等契約・業務提供誘引販売契約による与信契約（個別クレジット契約）（35条の３の11）に対するクーリング・オフ制度が割賦販売法の改正により新設された。

この制度は、個別信用購入あっせんについてだけ適用されるものである。

また、この新設に伴い、割賦販売法から、販売契約等のみに関するクーリング・オフの規定が削除された。販売契約等のみに関するクーリング・オフは、特定商取引法によることになる。

※　購入者等　→　与信契約に対するクーリング・オフの通知〔８日以内（35条の３の10）もしくは20日以内（35条の３の11）〕　→　個別信用購入あっせん業者

個別信用購入あっせん業者　→　販売業者等への通知　→　販売契約等についてもクーリング・オフされたものとみなされる

適量販売契約の解除等（与信契約に対する解除）			35条の３の12		
不実告知・重要事実不告知による与信契約の取消し等			35条の３の13 35条の３の14 35条の３の15 35条の３の16		

※　条文だけが記載されているものは、すべて割賦販売法の条文である。また、「特定商取引法」は、「特定商取引に関する法律」の略である。

（参考資料４） 消費者契約法のポイント

1 消費者契約法の対象となるのは

(1) 契約当事者 → 事業者 vs 消費者 の契約（法２条３項）

事業者とは（法２条２項）	法人、その他の団体 事業としてまたは事業のために契約の当事者となる場合における個人
消費者とは（法２条１項）	個人（事業と関係ない契約を締結する場合の個人事業者を含む）

（ポイント――法人が主債務者、その役員が保証人の場合→保証契約には消費者契約法の適用あり）

(2) 消費者契約法と他の法律との優先適用関係

↓

他の法律に規定がある場合には、他の法律の規定が優先される（法11条２項）

他の法律に規定がなければ消費者契約法が広く適用される

労働契約は適用除外（法48条）

↓

① 民法、商法以外の特別法－利息制限法、割販法等
② 消費者契約法
③ 民法、商法

2 消費者契約法適用の効果

(1) 契約の取消し（法４条～７条）

(a) 誤認類型
- ○不実の告知（法４条１項１号）
- ○断定的判断の提供（法４条１項２号）
- ○重要事項について有利な事実を告げ、または不利益な事実の不告知（法４条２項）

(b) 困惑類型
- ○不退去・監禁（法４条３項）

(c) 過量であることを理由とする取消し（法４条４項）

（法４条３項は、消費者契約法の一部を改正する法律（平成30年法律第54号）により類型が追加された（平成31年６月15日施行））

↓
行使時期の制限（法７条）
時効 → 追認可能なときから１年
除斥期間 → 契約締結時から５年

↓
取消しが可能

（なお、取消権を行使した消費者の返還義務の範囲に係る規定（法６条の２）は、平成32年４月１日施行）

(2) 条項の無効

① 事業者の損害賠償責任免除条項の無効（法８条）

(a) 事業者の債務不履行・不法行為に基づく損害賠償責任を全部・一部免除とする条項は無効（１号〜４号）
(b) 事業者の瑕疵担保責任を全部免除とする条項は無効（例外あり）（５号）

（５号は改正民法の施行により、現行の瑕疵担保責任から債務不履行責任（改正民法564条）、追完請求権（改正民法562条）、代金減額請求権（改正民法563条）に移行するため削除）

② 消費者の解除権の放棄条項（法８条の２）

③ 損害賠償額の予定の一部無効（法９条）

(a) 解除に伴う損害賠償額・違約金の定め（１号） → 事業者に生じる平均的な損害を超える部分は無効

(b) 金銭債務不履行の場合の損害賠償額・違約金の定め（２号）
→ **年14.6%を超える部分**は無効

（建物明渡しの遅滞に伴う損害金については適用なし、金銭消費貸借契約における遅延損害金は利息制限法が優先適用）

④ 消費者の利益を一方的に害する条項の無効（法10条）

他の法律の任意条項と比べて消費者の権利を制限、義務を加重し、信義則に反して消費者の利益を一方的に害する条項

↓
無効

参考資料

3　契約パターン別の適用関係（遅延損害金の利率の適用に関して）

(1)　債権者（事業者）が債務者（消費者）に請求する場合
基本契約が金銭消費貸借契約の場合には、特別法である利息制限法が適用
基本契約がリース契約の場合には、特別法がないので消費者契約法が適用

(2)　債権者（事業者）が保証人（消費者）に請求する場合
基本契約が金銭消費貸借契約の場合には、基本契約に利息制限法が適用されるので、保証契約においても、特別法である利息制限法が適用
基本契約がリース契約の場合には、基本契約に特別法の適用がなく、保証契約においても、消費者契約法が適用

(3)　保証人（事業者）が債務者（消費者）に請求する場合（保証委託契約に基づく求償権による請求）
保証委託契約に基づく求償権による請求の場合、保証委託契約は、基本契約と当事者・内容ともに異なる契約となるので、基本契約の性質にかかわらず、保証委託契約自体が特別法の適用を受ける契約でない限り、消費者契約法の適用を受ける

(注)　法は「消費者契約法」の略である。

（参考資料５）　事件類型別のポイント

（改正民法の施行日は、平成32年（2020年）４月１日であるが、経過措置が設けられ、債権の発生時点や契約締結時点が基準時とされているものが多い）

1　貸金請求事件のポイント

(1)　原告が被告に対し、金銭消費貸借契約に基づき貸金の返還を求める場合（弁済期がある場合）に請求原因として主張すべき事項

①　貸金元本　○原告が被告との間で金銭の返還の合意をしたこと

○原告が被告に対し金銭を交付したこと

○原告が被告との間で弁済期の合意をしたこと

（分割払いで期限の利益喪失特約を前提としている場合には、「分割払いの定めをしたこと（例：平成○年○月から毎月○日限り○万円を支払う）」、「原告と被告とが期限の利益喪失特約を締結したこと（例：１回でも分割金の支払いを怠ったら、当然に借主は期限の利益を喪失し、残額全部について弁済期が経過したものとする合意）」および「特定の分割金の弁済期が経過したこと」を主張することになる）

○弁済期が到来したこと

（改正民法587条の２は、要物性（契約の成立要件としての金員の交付）を維持したうえで、書面による場合に、諾成的消費貸借を認めている）

②　利息　○元本債権の発生原因事実

（原告が被告との間で金銭の返還の合意をしたことおよび原告が被告に対し金銭を交付したこと）

○原告が被告との間で利息を支払う旨の合意をしたこと＋利率の合意

（消費貸借は原則として無利息であるから、利息を請求するためには、利息を支払う旨の合意が必要となる。また、利率の合意がない場合は原則として年５％、貸主と借主のいずれか一方が商人の場合や絶対的もしくは営業的商行為による債権である場合（商法501条・502条）には年６％）

（参考）　会社法５条（「会社（外国会社を含む。次条第１項、第８条及び第９条において同じ。）がその事業としてする行為及びその事業のためにする行為は、商行為とする。」）

（改正民法施行後の法定利率は、一律、年３％（変動制。改正民法404条）、商法514条は削除、また、借主が金銭を受け取った日以後の利息を請求できることが明記（改正民法589条２項））

○一定期間が経過したこと

（利息が発生する期間は、原則として、金銭消費貸借契約成立日から元本の返還をすべき日までの元本の使用期間）

参考資料

③　遅延損害金　○元本債権の発生原因事実
（原告が被告との間で金銭の返還の合意をしたことおよび原告が被告に対し金銭を交付したこと）
○弁済期の経過
（元本の請求をする場合にも必要となる主張である）
○損害の発生とその数額
（利率についての約定がない場合には年５％または年６％、利息の利率について合意されている場合にはその利率、遅延損害金の利率について合意されている場合にはその利率）
（改正民法施行後の法定利率は、一律、年３％（変動制））
（遅延損害金の発生する期間は、元本を返還すべき日の翌日から元本が完済された日までである）

⑵　弁済期を定めていない場合

この場合には、返還時期は貸主が催告したときとなる。したがって、貸金元本の返還を求めるには、以下の主張をすべきこととなる。

○原告が被告との間で金銭の返還の合意をしたこと
○原告が被告に対し金銭を交付したこと
○弁済期の定めがないこと
○相当の期間を定めた返済の催告
○催告後相当の期間の末日が到来したこと

⑶　被告側の主張として想定される例

①　取引過程の一部否認　　原告が主張している取引以前の貸付け・返済の主張。

②　期限の利益喪失の効果の否認（最判平21・４・14判タ1300号99頁、最判平21・９・11判タ1308号99頁参照）

③　消滅時効　　貸金債権の消滅時効期間は、期限の利益を喪失した日の翌日または最終弁済日の翌日から起算して、10年（民法適用）もしくは５年（商法適用）である。法人である業者による請求の場合には商事時効が、個人の貸金業者の場合には民事時効が適用される（改正民法では、債権の消滅時効については、一律、「権利を行使することができることを知った時から５年」または「権利を行使することができる時から10年」に統一され、商事消滅時効の規定が削除された。したがって、改正民法施行後は、民法と商法のどちらが適用されるかという問題がなくなることになる）。

④　破産・個人再生の主張

⑤　契約の否認

2　保証債務請求事件のポイント

⑴　請求原因として主張すべき事項

○主たる債務の発生原因事実

○原告が被告との間で保証契約を締結したこと
○保証契約が書面または電磁的記録によりされたこと

保証契約の申込み・承諾共に書面でする必要があるとの考え方と保証人の保証意思が書面上に現れていれば足りるとする考え方がある。

（改正民法では、事業用融資の債務に係る個人保証契約については、公証人が保証人になろうとする者の意思を確認し、公正証書を作成しなければ、その効力を生じないこととされた（改正民法465条の６から465条の９）。この点は、裁判上の和解において、利害関係人として被告の債務を連帯保証する場合も同様であり、公正証書を作成したうえで、和解手続に参加することが必要になると考えられる。なお、ⓐ主たる債務者が法人の場合のその理事、取締役等、ⓑ主たる債務者が個人の場合の共同事業者、主たる債務者の配偶者で、その事業の従事者である場合等には適用されない）

⑵ 主債務者と連帯保証人の関係

① 主債務者に生じた事由は、すべて連帯保証人にも影響を与える（保証債務の付従性）。主債務者に請求すれば、連帯保証人にも請求したことになる。

② 連帯保証人に生じた事由は、請求、更改、相殺、混同、弁済およびそれに関連する事由が、主債務者にも影響を及ぼすことになる。これら以外には、影響を与えない。

（改正民法では、当事者間に別段の合意がない限り、連帯保証人に対する履行の請求は、主たる債務者に対して、その効力を生じないものとされた。この結果、連帯保証人だけを相手方として訴えを提起しても、主債務者に対して、時効中断の効力が及ぶわけではない（改正民法458条、441条)。なお、時効の中断は、時効の更新に改められた（改正民法152条））

３ 求償金請求事件のポイント

⑴ 原告が請求原因で主張すべきこと

① 訴外債権者（金融機関）と被告との契約（原契約）の成立
○契約の締結
○原契約が弁済期にあること
○代位弁済したこと

② 原告と訴外債権者との間の連帯保証契約の成立

③ 原告と被告間の保証委託契約の成立

⑵ 請求原因のスタイルとしてまとめると、以下のようになる。

① 金銭消費貸借契約の成立
② 当該金銭消費貸借についての連帯保証契約の締結
③ 保証委託契約の成立
④ 支払いの遅滞
⑤ 代位弁済

⑶ 留意事項

① 求償金になっても、原債権の性質は変わらないので、原債権が受ける利息制限法や割賦販売法等の規制を受けること
② 求償金の元本となるのは、原告が弁済した額であるから、その中に原債権における利息・遅延損害金が含まれていても、この全体につき遅延損害金が発生すること（原契約の利息や遅延損害金を含めて求償金元金）
③ 保証委託契約が消費者契約法の適用を受ける場合には、求償金に対する遅延損害金の利率は年14.6%を超える部分は認められないこと

(4) 被告側の主張として想定される例
① 原契約についての否認や抗弁（たとえば、主債務者の弁済）
② 保証委託契約についての否認や抗弁（たとえば、委託契約の成立の否認等）

4 準消費貸借契約に基づく貸金返還請求事件のポイント

(1) 訴訟物　準消費貸借契約に基づく貸金返還請求権
(2) 請求の趣旨　貸金と同様
(3) 要件事実（被告説の立場による）
① 旧債務の特定　被告説に立ったとしても、特定の準消費貸借契約に基づく請求であることを明らかにするために旧債務を特定する必要がある
債務の発生原因事実まで含めて旧債務を特定する必要がある
② 旧債務を準消費貸借とすることの合意の成立
③ 弁済期の合意
④ 弁済期の到来

5 不当利得返還請求事件のポイント

(1) 請求の趣旨
過払金＋遅延損害金
期限の定めのない債務であるから、請求を受けたときから履行遅滞となる
したがって、付帯請求としての遅延損害金の発生日は、請求（通常は訴状の送達）の日の翌日となる。
ただし、被告が悪意の受益者であるときは、受益の翌日からとなる。

(2) 請求の原因
①原告の損失、②被告の利得、③①と②の間の因果関係、④被告の利得が法律上の原因に基づかないこと
↓
① 原告と被告との金銭消費貸借契約の締結
② 原告が被告に対し利息制限法所定の利率を超える利息・損害金を支払ったこと
なお、①、②により付帯請求の要件事実も満たす（ただし、悪意の受益者であることを前提とする場合には、被告の悪意も要件事実となる）

6　売買代金請求事件のポイント

(1)　売買代金の支払いを求めるには、

原告が被告との間で売買契約を締結したこと

具体的には、財産権移転の約束と代金支払いの約束である（契約の主体、契約日、目的物、代金額などで特定する。継続的売買の場合には、取引期間、回数、代表的な品物、合計代金額等により特定する）。

（売買契約の成立には、代金額が確定していることが必要であり、契約の締結を主張する場合には、代金額の主張が必要である。また、売買代金の支払いについて期限の定めがある場合でも、請求原因として期限の合意とその期限の到来を主張する必要はない。期限の合意は抗弁事実であり、その期限の到来は再抗弁事実に位置づけられる）

(2)　遅延損害金を請求するためには

○原告が被告との間で売買契約を締結したこと

○原告が被告に対して上記売買契約に基づき目的物を引き渡したこと

（引渡しは引渡しの提供では足りず、占有の移転が必要である）

○原告が被告に対して売買代金の支払いを求める催告をしたこと

（支払期限の定めがある場合には、期限の合意とその期限の経過の主張が必要となる）

○損害の発生とその数額

7　飲食代金請求事件のポイント

(1)　訴訟物

飲食店において飲食した者に対する当該飲食店を経営する事業者の有する飲食代金請求権であるが、飲食物の提供は、売買にあたる。

(2)①　従業員が、会社の業務を遂行するために飲食店を利用した場合には、飲食代金債務の帰属が従業員個人か、それとも会社にあるのか、問題となる場合があるが、実務上は、当該飲食した個人を相手として請求する例が多いと思われる。

②　従業員個人に対して請求する場合の請求の原因

○飲食店（原告）が個人である被告の注文に応じて飲食物を提供したこと

③　この場合の抗弁として想定されるもの

○会社が支払義務者であること

ⓐ　飲食店が請求する相手方が会社であること

ⓑ　従業員としての個人が、会社から、その業務遂行のために飲食物の提供を受けるための契約を締結する権限が与えられていたこと

ⓒ　当該従業員が、飲食店に対し、会社の業務遂行であることを示していたこと

※　このほか、「飲食店が従業員の注文に応じて飲食物を提供した」事実も必要となるが、すでに請求原因事実に現れているので主張立証する必要はない。

④　この場合の再抗弁として想定されるもの

○当該従業員が会社の業務遂行のために飲食物を提供したことを知らなかったこと

（これを基礎づける具体的な事実）

⑶　共同して飲食した場合には、会員制クラブのように約款による定めがあるといった特別の事情がない限り、連帯して支払う旨の黙示の合意があったものと認められよう（参考裁判例：東京地判昭60・10・25判タ600号96頁）。

⑷　消滅時効

飲食代金債権は、１年の短期消滅時効の適用がある（民法174条４号）。

（改正民法166条１項では、この規定が削除され、「権利を行使することができることを知った時から５年」または「権利を行使することができる時から10年」の時効期間とされている）

8　賃金（給料）請求事件のポイント

⑴　請求原因として主張すべきこと

①　原告と被告との間の労働契約の締結

（契約日、業務内容、賃金額、支払時期）

労働契約ではなく、報酬であるとすると、最低賃金制、割増賃金、解雇予告手当の適用もなく、相殺も許される。

②　原告が、賃金未払期間中、契約に従って労務を提供したこと

（就労期間、請求額の根拠）

⑵　賃金の額が争点となることも

最低賃金に留意

⑶　減給できる場合

労働者の賃金額は、当初の労働契約およびその後の昇給の合意等の契約の拘束力によって、使用者・労働者ともに相互に拘束されるのであるから、労働者の同意がある場合、懲戒処分として減給処分がなされる場合その他特段の事情がない限り、使用者において一方的に賃金額を減額することが許されない（東京地決平９・１・24判時1592号137頁）。

⑷　所得税等の控除

判決で使用者に対して賃金の支払いを命ずる場合には、賃金額から諸社会保険料および源泉徴収税額を控除する必要はない。

ただし、使用者は労働者に対して所得税等を控除して渡せばよい。

⑸　遅延損害金の率

賃金支払期日の翌日から、使用者が商人であるときは年６％、その他は年５％

賃金支払期日の経過後に退職した場合には、賃金支払期日の翌日から年６％または年５％、さらに、退職の日の翌日から年14.6％

退職後に賃金支払期日が到来したときは、賃金支払期日の翌日から年14.6％

（改正民法施行後の法定利率は、一律、年３％（変動制））

⑹　相殺の禁止

賃金債権との相殺は原則として許されない。

もっとも、労働者と使用者の合意があり、かつ、それが労働者の完全な自由意思に基づく場合には有効である。

(7) 労働基準法に基づく賃金請求権の時効は、２年である（改正民法による影響はない）

(8) 退職金請求の要件事実の概要

① 原告と被告との労働契約の締結
（退職時の賃金の特定等）

② 退職の事実と勤続年数

③ 退職金の算定根拠

9 解雇予告手当金請求事件のポイント

(1) 請求の趣旨

① 被告は、原告に対し……円を支払え

② 解雇の日の翌日からまたは訴状送達日の翌日から支払済みまで年５％
（改正民法施行後の法定利率は、一律、年３％（変動制））

(2) 請求の原因

① 原告と被告との労働契約の締結（契約日、業務内容、賃金額、支払時期）

② 被告から原告に対し、30日前に予告されることなく、解雇通告がされたこと（予告のない解雇通告）

③ 30日分以上の平均賃金額

(3) 労働者を解雇する場合には、解雇原因が通常解雇でも、懲戒解雇でも予告手当必要（自己退職や合意退職の場合は対象外）。

解雇の意思表示は、実質的な権限のある者からなされる必要がある。

10 請負代金請求事件のポイント

(1) 請負契約においては、代金請求権は、目的物の引渡しと同時に遅滞になると解することができる→遅延損害金の起算日は引渡日の翌日

(2) 請求原因として主張すべき事項

① 原則どおり、後払いの場合

ⓐ 請負契約の成立　　契約年月日、仕事の内容、報酬

ⓑ 仕事の完成

② 特約により前払いの場合

ⓐ 請負契約の成立

ⓑ 報酬の全部または一部の前払いの特約の成立

ⓒ 同特約の内容となっている事実の存在（期日の到来、仕事の一部の完成等）

なお、仕事完成後、一定期間経過後に支払うという特約は抗弁にあたる

③ また、遅延損害金を請求する場合には、前記に加えて、原告が工事の目的物を被告に引き渡したこと、が必要

（なお、改正民法634条により、注文者が受ける利益の割合に応じた報酬請求が明文化された）

（改正民法により、売買における担保責任の規定が包括的に準用され、被告側の主張としては、注文者の請負人に対する追完請求（目的物の修補、代替物の引渡し、不足分の引渡し）、報酬減額請求、損害賠償請求、解除が想定されることになる。なお、注文者は、契約不適合の事実を知った時から１年以内に不適合事実を請負人に通知しないと担保責任を追及できなくなるほか、通知をしても、追及権自体が５年または10年の消滅時効にかかることにも留意）

11　委任に基づく報酬請求事件のポイント

(1)　請負や雇用との違いに注意

請負は、仕事の結果に対して報酬を支払うもの

委任は、事務処理の委託であり、原則として無報酬、報酬を得るためには、特約が必要

(2)　事務処理報酬特約に基づく報酬請求権（民法648条１項）

(ア)　報酬後払いの原則（民法648条２項）

(イ)　要件事実

①　委任契約締結の事実

○当事者の一方が法律行為をなすことを相手方に委託し、相手方がこれを承諾したこと（法律行為でない事務の委託は、準委任）

②　報酬特約の存在

○事務処理の対価として報酬を支払う旨を約したこと

③　事務処理の完了

(ウ)　期間をもって報酬を定めた場合には

①　委任契約締結の事実

②　期間をもって報酬を定めたこと

③　一定期間の経過

(エ)　受任者の責によらない事由により委任の履行途中で終了したときは、受任者の履行の割合に応じて報酬を請求することができる（民法648条３項）。

改正民法では、「受任者の責によらない事由」から「委任者の責めに帰することができない事由によって委任事務の履行をすることができなくなったとき」または「委任が履行の中途で終了したとき」のどちらかにあたることが要件とされた。

要件事実

①　委任契約締結の事実

②　報酬特約の存在

③　履行完了以外の終了事由

④　その終了事由が受任者の責によらない事由によることを基礎づける事実

⑤ 処理した委任事務の内容とそれが委任事務全体に占める割合

(オ) 受任者が商人であれば、商法512条により相当額の報酬を請求することができる。

要件事実

① 委任契約締結の事実

② 受任者が商人であること

③ 報酬の額

④ その額が相当であることを基礎づける事実

⑤ 事務処理の完了

(3) 費用償還請求

(ア) 費用前払請求権（民法649条）

要件事実

① 委任契約締結の事実

② 事務処理のための費用が必要なこと

③ その金額

④ 受任者が委任者に費用前払いを請求したこと

(イ) 費用償還請求権（民法650条１項）

① 委任者に対し、費用と支出した日以後の利息の償還を求められる

② 受任者が善管注意義務をもって判断して必要と認めて支出した費用であればよい。結果的に不必要であったとしてもかまわない。有益費用であることを要しない。

要件事実

① 委任契約締結の事実

② 事務処理のために必要と認めて費用を支出したこと

③ その金額とその支出日

(4) 遅延損害金

あわせて遅延損害金を請求する場合には、履行期の経過を基礎づける事実の主張が必要となる（民法412条）。

具体的には、支払いの請求または支払期限の経過を主張することになる。

実務上は、訴状の送達をもって支払いを請求するケースもあり、この場合には、訴状送達日の翌日が遅延損害金の起算日となる。

（改正民法は、報酬が支払われる委任について、履行割合型（事務処理の労務に対して報酬が支払われる場合）と成果完成型（委任事務処理の結果として達成された成果に対して報酬が支払われる場合）の二つの場合を規定している（改正民法648条、648条の２）

12 交通事故（物損）に基づく損害賠償請求事件のポイント

(1) 原告は、原則として被害車両の所有者である。なお、167頁（注３）も参照。

被告は、加害車両の運転者である。この場合の根拠条文は民法709条となる。

なお、業務上で運転中に発生した事故の場合には、運転者の使用者も被告にすることができる。この場合の根拠条文は民法715条となる。

(2) 遅延損害金の起算日は事故の日から可能
利率は年５％
(改正民法施行後の法定利率は、一律、年３％（変動制))

(3) 不法行為責任の要件事実（民法709条）
① 原告が一定の権利あるいは保護法益を有すること
② ①の権利（保護法益）に対する被告（運転者）の加害行為（権利侵害）
③ ②について被告（運転者）に故意があること、または②について被告（運転者）に過失があることを基礎づける事実（加害者の故意・過失）
④ 原告に損害が発生したことおよびその数額（損害発生）
⑤ ②の加害行為と④の損害に因果関係があること（因果関係）
(注) 加害者の責任能力は、原告が主張すべき事実ではなく、反対に、被告において、責任無能力であることを主張・立証した場合に損害賠償責任を免れることになる。

↓
交通事故（物損）請求の場合
① 交通事故の発生と態様
② 被告（運転者）の過失を基礎づける事実
③ 損害の発生とその損害額－通常は修理代金相当額
④ 因果関係

(4) 使用者責任の要件事実（民法715条）
① 被告（運転者）の上記不法行為
② 使用関係の存在
③ 事故が事業執行中であること

(5) 被告側の主張として想定される例
○過失相殺　　被害者側にも過失があったこと（過失があったことを示す具体的な事実を主張する）
過失相殺が認められた場合の算定方法
仮に、原告の過失が３割、被告の過失が７割、原告の損害額が10万円とすると、原告の認容額は、
10万円×7÷10＝7万円
(改正民法509条では、双方の過失による同一の交通事故によって生じた物的損害に係る損害賠償債権の相互間の場合でも、相殺が可能とされた。したがって、過失相殺の主張とあわせて、反訴等によることなく、(自己の損害賠償債権との間で）相殺の主張をすることも考えられる)
○事故態様や過失の有無
○修理の必要性や相当性

○消滅時効の主張

（改正民法は、不法行為に基づく損害賠償請求権の時効期間について、「損害および加害者を知った時から３年」または「不法行為の時（権利を行使することができる時）から20年」とし、一方、このうち生命・身体の侵害による損害賠償請求権については、「知った時から５年」または「不法行為の時から20年」と規定しているので、物的損害と人的損害とで時効期間が異なることになる）

13 建物明渡請求事件（賃料不払いによる契約解除）のポイント

(1) 賃貸借契約の終了に基づく建物明渡請求権の発生原因事実

① 賃貸借契約の成立

② 賃貸借契約に基づく建物の引渡し

③ 賃貸借契約の終了原因事実

（注１） 建物賃貸借契約の存続期間

○当事者間で１年未満の期間を定めたときは、存続期間の定めのない賃貸借契約とみなされる（借地借家法29条１項）。したがって、最短でも１年以上でないと有効ではない。

なお、20年を超える賃貸借契約も有効（借地借家法29条２項）。

○法定更新の場合、期間の定めのない賃貸借契約となる（借地借家法26条）。

○期間の定めのない賃貸借契約

・契約の当初から期間を定めていない場合

・法定更新された場合

・期間を定めたが、その期間が１年未満の場合

（注２） 期間の定めのある建物賃貸借契約のポイント

○賃料不払い等の債務不履行は、契約の終了事由となる。

○期間の途中であっても、賃貸人が解約の申入れができるとの特約も一応有効である。ただし、正当事由が必要。無条件で解約の申入れができるとの特約は無効（借地借家法30条）。

賃借人からの解約の申入れは、特約があれば特約に従うが、なければ民法に従うことになる（民法617条・618条）。

（注３） 期間の定めのない建物賃貸借契約のポイント

○賃料不払い等の債務不履行は、契約の終了事由となる。

○期間の定めのない賃貸借契約の場合、賃貸人からの解約の申入れが可能となる（借地借家法27条）。ただし、正当事由が必要（借地借家法28条）。

賃借人からの解約の申入れは、特約があれば特約に従うが、なければ民法に従うことになる（民法617条・618条）。

（注４） 期間の定めのある建物賃貸借契約と期間の定めのない建物賃貸借契約に共通する解除事由は、「賃料不払い等の債務不履行による契約解除」である。期間

の定めのある建物賃貸借契約特有の終了事由は「期間満了」、期間の定めのない建物賃貸借契約特有の終了事由は「解約申入れ」である。

（改正民法601条では、「引渡しを受けた物を契約が終了したときに返還すること」が明記されたが、請求原因事実として、終了原因事実に加えて賃貸借契約が終了したときに建物を明け渡す旨の合意をしたことまで主張立証する必要はないと考えられよう）

⑵ 賃料不払いによる解除（原則）

① 賃貸借契約の成立（契約日、期間、賃料、特約）
② 賃貸借契約に基づく建物の引渡し
③ 賃料不払いに対応する一定期間の経過（民法614条所定の支払時期の経過）
④ 賃料支払時期の経過
⑤ 賃料支払いの催告
⑥ 催告後相当期間の経過
⑦ 相当期間経過後の解除の意思表示

⑶ 賃料前払特約がある場合

① 賃貸借契約の成立（契約日、期間、賃料、特約）
② 賃貸借契約に基づく建物の引渡し
③ 賃料前払いの特約を締結したこと
④ 上記特約による支払時期の経過
⑤ 賃料支払いの催告
⑥ 催告後相当期間の経過
⑦ 相当期間経過後の解除の意思表示

⑷ 停止条件付きの解除

相当の期間を定めて未払賃料の催告をするのと同時に、賃借人がその期間内に未払賃料を支払わないときは契約解除をするというもの

① 賃貸借契約の成立
② 賃貸借契約に基づく建物の引渡し
③ 賃料不払いに対応する一定期間の経過
④ 賃料支払時期の経過
⑤ 賃料支払いの催告
⑥ ⑤の催告と同時に、一定期間が経過した時に賃貸借契約を解除する旨の意思表示をしたこと
⑦ ⑥で定めた一定期間の経過

(注) 背信的行為と認めるに足らない特段の事情――解除権の発生障害事由として、被告の抗弁事実にあたる。

⑸ 停止条件付きの解除（前払特約がある場合）

① 賃貸借契約の成立

② 賃貸借契約に基づく建物の引渡し
③ 賃料前払いの特約を締結したこと
④ 上記特約による支払時期の経過
⑤ 賃料支払いの催告
⑥ ⑤の催告と同時に、一定期間が経過したときに賃貸借契約を解除する旨の意思表示をしたこと
⑦ ⑥で定めた一定期間の経過

(6) 特約に基づく解除
① 無催告解除特約
ⓐ 賃貸借契約の成立
ⓑ 賃貸借契約に基づく建物の引渡し
ⓒ 賃料不払いに対応する一定期間の経過
ⓓ 賃料支払時期の経過
ⓔ 相当期間経過後の解除の意思表示
ⓕ 特約の締結
ⓖ 賃借人の背信性を基礎づける事実
② 当然解除特約
ⓐ 賃貸借契約の成立
ⓑ 賃貸借契約に基づく建物の引渡し
ⓒ 賃料不払いに対応する一定期間の経過
ⓓ 賃料支払時期の経過
ⓔ 特約の締結
ⓕ 賃借人の信頼関係の破壊を基礎づける事実

14 家賃（賃料）請求事件のポイント

(1) 原則的な場合
① 原告と被告とが賃貸借契約を締結したこと
② 原告が、被告に対し、前記賃貸借契約に基づき目的物を引き渡したこと
③ 一定期間が経過したこと
④ 民法614条（賃料後払い）所定の支払時期が到来したこと

(2) 賃料前払いの場合には、上記④に代えて当該特約の存在を主張する

(3) 賃料相当損害金の場合
① 賃貸借契約の成立（契約日、期間、賃料、特約）
② 賃貸借契約に基づく建物の引渡し
③ 賃料不払いに対応する一定期間の経過
④ 賃料支払時期の経過（民法614条所定の支払時期の経過）
⑤ 賃料支払いの催告

⑥　催告後相当期間の経過
⑦　相当期間経過後の解除の意思表示
⑧　損害の発生およびその数額

15　敷金返還請求事件のポイント

(1)　請求原因として主張すべきこと

①　賃貸借契約の締結
②　①の合意に基づき建物を引き渡したこと
③　敷金授受の合意があり、これに基づいて敷金を交付したこと
④　賃貸借契約の終了
⑤　賃貸借契約の終了に基づく建物の返還
⑥　賃料および賃料相当損害金の未払いがないこと

（改正民法622条の２により、敷金に関する一般的規定が、また、改正民法621条により、賃借人の原状回復義務の規定もおかれたが、これまでの実務の考え方に基本的な変更を加えるものではない）

(2)　抗弁として想定される例

○敷金から控除されるべき債務の発生原因事実

①　目的物に修繕・交換を要する程度に損耗・汚損があること
②　その損耗・汚損は入居中に発生したものであること
③　その損耗・汚損は、通常の使用により生ずる程度を超えるものであること
④　損耗・汚損部分の修繕交換に費用を支出したこと

or

⑤　仮に通常の使用により生ずる程度を超えないものであっても、賃借人が負担する旨の特約があること

（参考）　最判平17・12・16判タ1200号127頁

〈判決要旨〉建物の賃借人にその賃貸借において生ずる通常損耗についての原状回復義務を負わせるのは、賃借人に予期しない特別の負担を課すことになるから、賃借人に同義務が認められるためには、少なくとも、①賃借人が補修費用を負担することになる通常損耗の範囲が賃貸借契約書の条項自体に具体的に明記されているか、②仮に賃貸借契約書では明らかでない場合には、賃貸人が口頭により説明し、賃借人がその旨を明確に認識し、それを合意の内容としたものと認められるなど、その旨の特約が明確に合意されていることが必要であると解するのが相当である。

16　マンションの管理費等請求事件のポイント

(1)　訴訟物

マンションの管理組合等が、区分所有者に対して、マンションの共用部分等の管理費、

修繕積立金、駐車場利用料、駐輪場利用料、水道使用料等の立替金などについて請求する場合である。

⑵　原　告

（権利能力なき社団としての）管理組合が提起する例が多い。このほか、管理組合法人（建物の区分所有等に関する法律47条２項）や管理組合の管理者（通常は、理事長）が、原告となる例もある。

（注） 管理組合の当事者適格や代表者を証明するために管理組合規約、総会議事録などを提出する必要がある。

⑶　被　告

区分所有者（売買等による特定承継人も対象となる）

⑷　請求の趣旨

通常の金銭請求の場合と同様。被告の滞納状況等を踏まえて将来の管理費請求を加える場合には、「被告は、原告に対し、平成○年○月○日から被告が別紙物件目録記載の建物の区分所有権を喪失するまでの間、毎月○日限り１か月○万円の割合による金員を支払え」などと記載することが考えられる。

⑸　請求の原因として主張することになるのは、

①　原告がマンションの管理組合等であること

②　被告が同マンションの区分所有者であること

③　管理費、修繕積立金等に関する管理規約または集会決議の存在

④　管理費等の項目ごとの額・支払方法・未払期間（長期間にわたる場合には、別表の形でまとめるのがわかりやすい）

である。将来の管理費についても請求する場合には、あらかじめ請求する必要性についての主張も必要となる。

⑹　管理費等に加えて請求することが考えられるもの

①　遅延損害金

原則は、民法の法定利率（年５％）であるが、管理規約により、これを超える遅延損害金の定めをしている例も多い。

②　弁護士費用

金銭債務の不履行に基づく損害賠償として弁護士費用を請求することはできないが（最判昭48・10・11判時723号44頁）、管理規約で弁護士費用を負担させる旨の定めはできると解されている（東京地判平17・９・12判例集未登載、東京地判平９・６・26判時1634号94頁）。なお、管理規約ではなく集会決議に基づく場合には、否定する裁判例がある（東京高判平７・６・14判タ895号139頁）。また、規約に「弁護士費用」と記載されている場合に、司法書士費用を含むか否かは、規約の解釈の問題となろう。

⑺　被告の主張として想定されるもの

①　消滅時効

管理費、修繕積立金等の管理規約の規定に基づいて発生する債権の時効期間は、５

年（民法169条。最判平16・4・23民集58巻4号959頁）。

（改正民法166条により、施行後は、「権利を行使することができることを知った時から5年」または「権利を行使することができる時から10年」で消滅時効にかかることになる。したがって、現在の実務の考え方に変更を加えるものではないと考えられる）

② 相殺の抗弁

認められないとする裁判例がある（東京高判平9・10・15判時1643号150頁）。

17 時効取得による所有権移転登記手続請求事件のポイント

(1) 訴訟物

所有権に基づく妨害排除請求権としての所有権移転登記手続請求権

「被告は、原告に対し、別紙物件目録記載の土地につき、昭和○○年○○月○○日時効取得を原因とする所有権移転登記手続をせよ」

(2) 請求の趣旨

原始取得ではあるが、登記は移転登記による

登記原因の日付は時効の起算日である

(3) 請求の原因

① 原告が本件土地をある時点で占有していたこと

② 原告が①の時点から20年間経過した時点で本件土地を占有したこと

③ 原告が被告に対し時効援用の意思表示をしたこと

④ 原告の所有権に対する妨害としての被告名義の所有権移転登記の存在

（注1） 所有の意思　民法186条1項による推定

平穏公然　民法186条1項による推定

他人の物　要件とはならない（自己の物でもよい）

20年間　両端の占有により推定（民法186条2項）

（注2） 占有の承継は民法187条1項により認められる

相続による承継も認められる（判例）

持分の取得時効も認められる（判例）

（注3） 援用権者には特定承継人も含まれる、この場合の援用権が代位行使になるのか、それとも固有の権利になるのかは考え方が分かれるが、固有の権利とみる考え方のほうが強いようである

（参考） 短期取得時効

① 原告が本件土地をある時点で占有していたこと

② 原告が①の時点から10年間経過した時点で本件土地を占有したこと

③ 原告が被告に対し時効援用の意思表示をしたこと

④ 原告の所有権に対する妨害としての被告名義の所有権移転登記の存在

⑤ 占有開始時に善意であることについて無過失であること（無過失の評価根拠事実）

（注） 占有開始時の善意　　民法186条１項により推定
無過失は推定されない

18　リース料請求事件のポイント

(1)　請求の原因

(ア)　リース契約の締結

①　リース物件の種類・数量等リース物件を特定する事項

②　リース期間

③　リース料額

④　リース料の支払時期

（注） リース料は、貸借型に属するので、リース料の支払時期は不可欠の要素となる。

(イ)　リース物件の納入または借受証の交付

（注） 通常は、借受証の交付

(ウ)　リース業者のサプライヤーに対する売買代金の支払い

(エ)　支払時期の到来

(2)　リース物件の引上げによる清算義務

リース会社がリース期間の途中でリース物件の返還を受けた場合、その原因がユーザーの債務不履行による場合でも、清算義務がある。清算方法について、判例は評価清算方式を原則としているが（最判昭57・10・19民集36巻10号2130頁）、実務上は、契約時に処分清算方式（リース会社が現実にリース物件を売却し、当該金額で清算する方式）による合意をする例も多い。

清算の主張については、理論上は、抗弁にあたるものの、先行的に請求原因事実として物件の返還を受けたことと、清算すべき金額を主張すべきであるとするのが、簡裁の実務である。

(3)　ユーザーによる債務不履行の効果

リース物件の使用とリース料の支払いとは対価関係に立つものではないとされている（最判平７・４・14民集49巻４号1063頁、最判平５・11・25集民170号553頁）。

(ア)　期限の利益の喪失による残リース料の一括請求による場合

(イ)　契約の解除による規定損害金を請求する場合

(ウ)　期限の利益を喪失させるが、ユーザーがこれに応じて一括支払いをしなかった場合には、契約を解除して、規定損害金を請求する場合

↓

(ア)の場合

①　リース契約の締結

②　借受証の交付

③　リース業者のサプライヤーに対する売買代金の支払い

④　期限の利益喪失特約の存在

⑤　ユーザーの特約違反

ただし、支払遅滞の場合には、リース料の支払時期の到来だけで足りる。

(イ)の場合

①　リース契約の締結

②　借受証の交付

③　リース業者のサプライヤーに対する売買代金の支払

④　特約の存在

⑤　ユーザーの特約違反

⑥　解除の事実

(3)　抗弁として想定されるもの

(ア)　リース物件の引渡未了

(あ)　リース業者が物件の引渡未了について悪意、または善意の場合でも善意につき重過失があったこと

①　リース物件の引渡未了

②　リース業者が物件の引渡未了について悪意、または善意の場合でも善意につき重過失があったこと

(い)　消費者リース

①　リース物件の引渡未了

②　消費者リースであること、すなわち、リース業者とサプライヤーとの提携の有無、リース物件の種類と額、ユーザーの属性（商人か否か等)、物件に関するユーザーの知識の有無・程度、リース契約締結過程におけるリース業者・サプライヤーの関与の程度・内容、借受証の交付の経緯等を具体的に主張する。

(イ)　リース物件の滅失または毀損

①　リース物件の滅失または毀損

②　①がリース業者の責めに帰すこと

(ウ)　瑕疵担保責任

19　手形訴訟のポイント

(1)　手形訴訟の特色

(ア)　反訴の禁止（法351条）

(イ)　証拠の制限（法352条）――書証に限定

(ウ)　１回審理の原則（規則214条）

(エ)　必要的仮執行（法259条２項）

(オ)　判決に対する異議（法356条・357条）

(2)　申立て

(ア)　遅延損害金は、年６％

（改正民法施行後の法定利率は、一律、年３％（変動制））

(イ) 必要的仮執行宣言

(3) 約束手形の振出人に対する請求

(ア) 原告の手形所持

(イ) 当該手形上、被告（振出人）から原告に至るまで裏書の連続があること
（最後の裏書については白地裏書でも差し支えない）

○付帯請求

① 手形の支払呈示期間内に支払いのために呈示したこと

② 呈示に対して支払いがなかったこと

（参考）

満期の日からの法定利息は、呈示期間内に支払場所に呈示された場合に請求できる。

呈示期間経過後に呈示された場合でも、その翌日から債務不履行による遅延損害金の請求ができる。

↓

請求原因

① 原告が裏書の連続する手形を所持すること（所持）

② 被告が手形行為をしたこと（手形行為）

③ 満期（支払期日）またはこれに次ぐ２取引日以内に支払場所に支払呈示したこと（呈示）

↓

立証

① 所持は、口頭弁論期日に手形を提出して行う。

② 手形行為は、

ⓐ 被告名下の印影の成立

ⓑ 被告名下の印影が被告の印章によって顕出されたことに争いがない場合（二段の推定）

ⓒ 印影も否認ないし不知の場合には、印影の同一性の証明が必要

③ 呈示は、口頭弁論期日に手形を提出して行う。

○手形訴訟による旨の申述

○手形写しの添付

第１回期日に手形の原本を持参

（参考資料６）　主債務と保証債務

1　保証債務

(1)　主たる債務の時効消滅

保証債務は主たる債務に附従するので、保証人は主たる債務者のもつ抗弁権を行使できる。

したがって、保証人は主債務の消滅時効を援用できる。なお、主債務の時効完成後に保証人による保証債務の履行・承認がされても、保証人は原則として主債務の時効援用権を喪失しない（最判平25・９・13民集67巻６号1356頁）。

また、主債務者と保証人を被告とする訴訟で、主債務者だけが消滅時効を援用した場合には、主債務者に対する請求は棄却、保証人に対する請求は認容される（弁論主義）。

(2)　主たる債務の消滅により保証債務も原則として消滅

ただし、破産や再生、会社更生による免除の場合には、効力を及ぼさない。

(3)　主債務の時効と中断

主債務につき時効が完成すれば、保証債務も消滅する。

主債務について時効の中断があれば、保証債務についても中断する（民法457条）。なお、時効完成後の時効援用権の喪失や時効利益の放棄は、相対的効力を生ずるにすぎないから、主たる債務者が時効利益を放棄している場合でも時効の援用可能。

主債務の消滅時効期間が10年に延長されると、保証債務の時効期間も10年に延長される。

2　連帯保証人

主たる債務者について生じた時効の中断は連帯保証人にもその効力を及ぼす（東京地判昭56・１・30判時1009号85頁）。時効の中断は、民法434条ではなく、民法457条による。

3　主たる債務者に対する判決が確定したとき、保証債務の時効期間も10年に延長される（最判昭43・10・17裁判集（民）92号601頁、最判昭46・７・23判時641号62頁）。

4　連帯保証人に対し、確定判決があったときに、主債務の時効期間も延長されるか

されないと考えられる（東京地判平８・８・５金法1481号61頁）。ただし、反対説もある。

5　連帯債務者の１人に対し判決が確定したとき、他の連帯債務者の時効期間も10年に延長されるか

延長されるという考え方もある。ただし、連帯債務には、附従性がないとして延長を否定した裁判例がある（東京高判昭45・4・2判時607号44頁）。

なお、連帯債務であって、連帯保証人ではないことに留意。

6　連帯保証人に対する差押えと主たる債務の時効中断

連帯保証人に対して差押えを行っても主たる債務の消滅時効の中断効は発生しない。

⑴ 連帯保証人に対する請求

連帯保証には、民法434条の適用がある（民法458条）。したがって、連帯保証人に対する請求は、主債務の時効中断の効力あり。

⑵ 連帯保証人の承認

例外規定なし。したがって、連帯保証人が債務承認をしても、主債務の時効中断の効力なし。

⑶ 連帯保証人に対する差押え

例外規定なし。したがって、連帯保証人に対する差押えをしても、主債務の時効中断の効力なし。

〔著者紹介〕

塩谷　雅人（しおや　まさと）

東京簡易裁判所判事、静岡簡易裁判所判事などを歴任

近藤　　基（こんどう　もとい）

京都簡易裁判所判事、大阪簡易裁判所判事などを歴任

簡裁民事ハンドブック❶〈通常訴訟編〉〔第2版〉

平成30年10月29日　第1刷　発行

定価　本体2,500円＋税

著　者　　塩谷雅人・近藤　基

発　行　　株式会社　民事法研究会

印　刷　　藤原印刷株式会社

発行所　株式会社　民事法研究会

〒150-0013　東京都渋谷区恵比寿3-7-16

〔営業〕TEL　03(5798)7257　FAX　03(5798)7258

〔編集〕TEL　03(5798)7277　FAX　03(5798)7278

http://www.minjiho.com/　info@minjiho.com

落丁・乱丁はおとりかえします。　ISBN978-4-86556-253-8 C3332 ¥2500E

カバーデザイン　袴田峯男